Jean-Charles Volkmann
Agrégé d'histoire

BIEN CONNAITRE LES GENEALOGIES DES ROIS DE FRANCE

Les gravures de cet ouvrage sont reprises de L'HISTOIRE DE FRANCE POPULAIRE par Henri Martin publiée en 1876 par Furne et Jouvet

EDITIONS JEAN-PAUL GISSEROT

ORIENTATION BIBLIOGRAPHIQUE

-père Anselme de SAINTE-MARIE, *Histoire de la maison royale de France*, Paris, éd. du Palais royal, rééd.1967.

-BLUCHE François (dir.), *Dictionnaire du Grand Siècle*, Paris, Fayard, 1990.

-les nombreuses biographies des rois de France, en particulier aux éditions Fayard.

-BOURNAZEL Eric, VIVIEN Germaine et GOUNELLE Max, *Les grandes dates de l'histoire de France*, Paris, Larousse, 1993.

-BOUYER Christian, *Dictionnaire des reines de France*, Paris, Perrin, 1992.

-collection «Nouvelle histoire de la France médiévale», Paris, Seuil, Points histoire, tomes 1 à 5, 1990.

-collection «Nouvelle histoire de la France moderne», Paris, Seuil, Points-histoire, tomes 1 à 3, 1991-1992.

-EGINHARD, *Vie de Charlemagne*, trad. Louis Halphen, Paris, Les Belles Lettres, 1967.

-FAVIER Jean (dir.), *Chronique de la France et des Français*, Paris, Larousse, 1987.

-FAVIER Jean, *Dictionnaire de la France médiévale*, Paris, Fayard, 1993.

-GEARY Patrick J., *Le monde mérovingien. Naissance de la France*, Paris, Flammarion, «Histoires», 1989.

-LEJEUNE Paule, *Les reines de France*, Paris, Vernal-Philippe Lebaud, 1989.

-LEWIS Andrew, *Le sang royal. La famille capétienne et l'Etat, France Xè-XIVè siècles*, Paris, Gallimard, «Bibliothèque des histoires», 1986.

-MAUREPAS Arnaud de, ROBERT Hervé, THIBAULT Pierre, *Les grands hommes d'Etat de l'histoire de France*, Paris, Larousse, «Essentiels», 1989.

-MOURRE Michel (dir.), *Dictionnaire encyclopédique d'histoire*, 8 vol., Paris, Bordas, 2è éd. 1989.

-RICHÉ Pierre, *Les Carolingiens, une famille qui fit l'Europe*, Paris, Hachette-Littérature, 1983.

-SIRJEAN Gaston, *Encyclopédie généalogique des maisons souveraines du monde*, Paris, éd. Sirjean, 3 vol., 1959-1963.

-SONNET Martine, CHARMASSON Thérèse et LELORRAIN Anne-Marie, *Chronologie de l'histoire de France*, Paris, P.U.F., 1994.

-abbé SUGER, *Vie de Louis VI le Gros*, trad. Henri Waquet, Paris, Les Belles Lettres, 1964.

-TULARD Jean (dir.), *Dictionnaire Napoléon*, Paris, Fayard, 1989.

-VAN KERREBROUCK Patrick (dir.), *Nouvelle histoire généalogique de l'auguste maison de France*, Villeneuve d'Asq, 3 vol., 1990-1993.

LES MEROVINGIENS

C'est la première dynastie de rois francs, qui a régné sur la Gaule de 481 à 751; elle doit son nom à Mérovée, grand-père de Clovis. Le fondateur en est Clovis 1er, roi de 481 à 511, qui, grâce à ses conquêtes, fut le premier roi de tous les Francs.

La tradition germanique voulant qu'il y ait partage du royaume entre les héritiers, celui-ci est morcelé par la suite et on assiste à la naissance progressive au VIè siècle de trois royaumes : Neustrie, Austrasie et Bourgogne, qui s'affrontent longuement. Le royaume des Francs n'est à nouveau unifié que pendant de courtes périodes : sous Clotaire 1er (558-561), Clotaire II (613-629) et Dagobert 1er (632-639).

A partir de 639, la monarchie mérovingienne s'affaiblit rapidement et le pouvoir réel passe entre les mains des maires du palais, qui réussissent même à rendre leurs fonctions héréditaires en Austrasie avec la dynastie des Pippinides; c'est la période des « rois fainéants ». Finalement, le maire du palais Pépin le Bref destitue en 751 le dernier roi mérovingien Childéric III et s'empare du trône : c'est la fin de cette première dynastie royale.

Clovis tuant Alaric à la bataille de Vouillé.

LA GENEALOGIE DES MEROVINGIENS

Mérovée
mort v.458
roi des Francs Saliens (v.448-v.458)

Childéric 1er
v.436-v.481
roi des Francs Saliens (v.458-v.481)
ép. Basine, femme du roi de Thuringe

CLOVIS 1er
V.466-511
roi des Francs (v.481-511)

Audoflède
ép. en 493,
Théodoric, roi des Wisigoths

Lanthilde

Alboflède

ép.1, une princesse rhénane

ép.2, en 493, Clotilde, princesse burgonde (morte en 545)

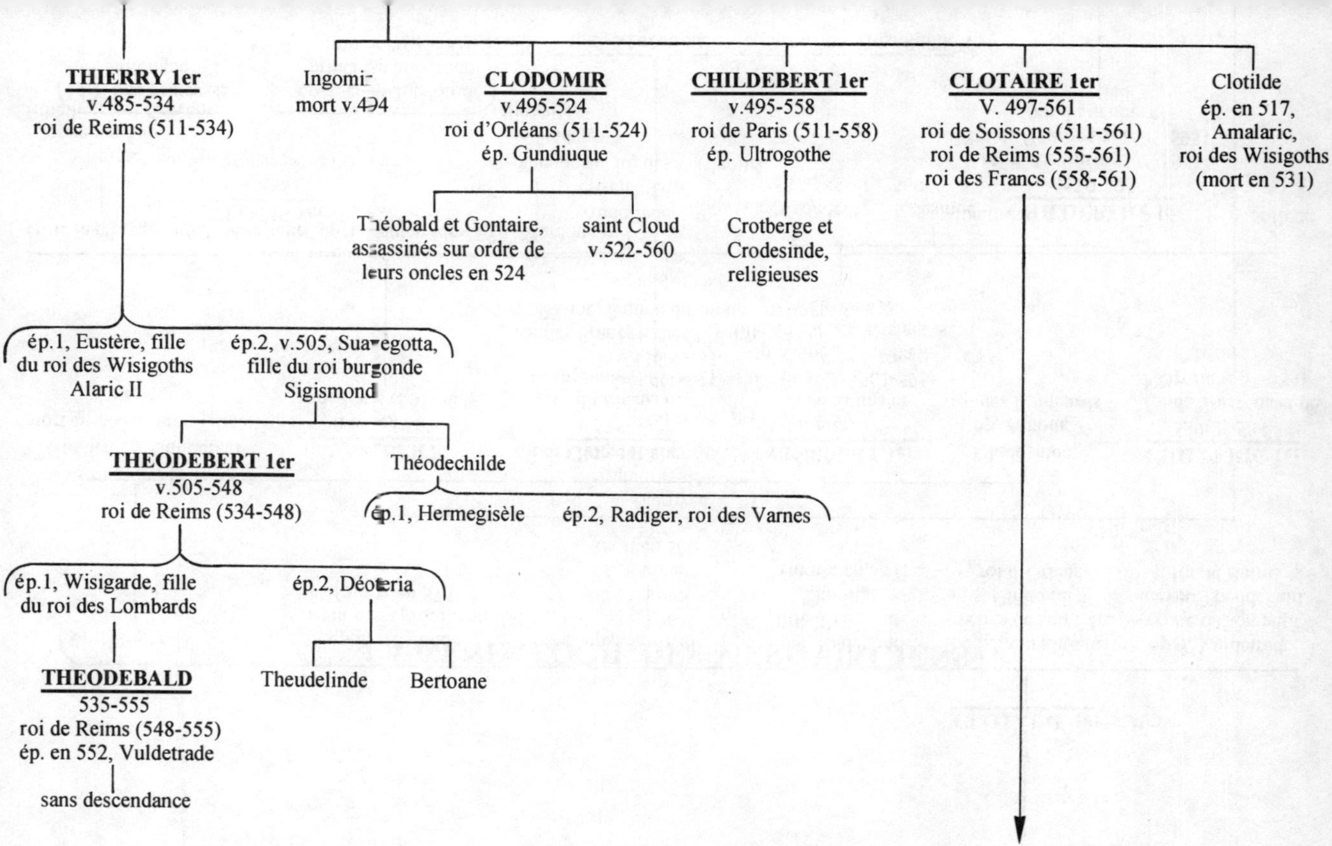
THIERRY 1er
v.485-534
roi de Reims (511-534)
Ingomir
mort v.494
CLODOMIR
v.495-524
roi d'Orléans (511-524)
ép. Gundiuque
CHILDEBERT 1er
v.495-558
roi de Paris (511-558)
ép. Ultrogothe
CLOTAIRE 1er
V. 497-561
roi de Soissons (511-561)
roi de Reims (555-561)
roi des Francs (558-561)
Clotilde
ép. en 517,
Amalaric,
roi des Wisigoths
(mort en 531)
Théobald et Gontaire,
assassinés sur ordre de
leurs oncles en 524
saint Cloud
v.522-560
Crotberge et
Crodesinde,
religieuses
ép.1, Eustère, fille
du roi des Wisigoths
Alaric II
ép.2, v.505, Suavegotta,
fille du roi burgonde
Sigismond
THEODEBERT 1er
v.505-548
roi de Reims (534-548)
Théodechilde
ép.1, Hermegisèle
ép.2, Radiger, roi des Varnes
ép.1, Wisigarde, fille
du roi des Lombards
ép.2, Déoteria
THEODEBALD
535-555
roi de Reims (548-555)
ép. en 552, Vuldetrade
sans descendance
Theudelinde
Bertoane

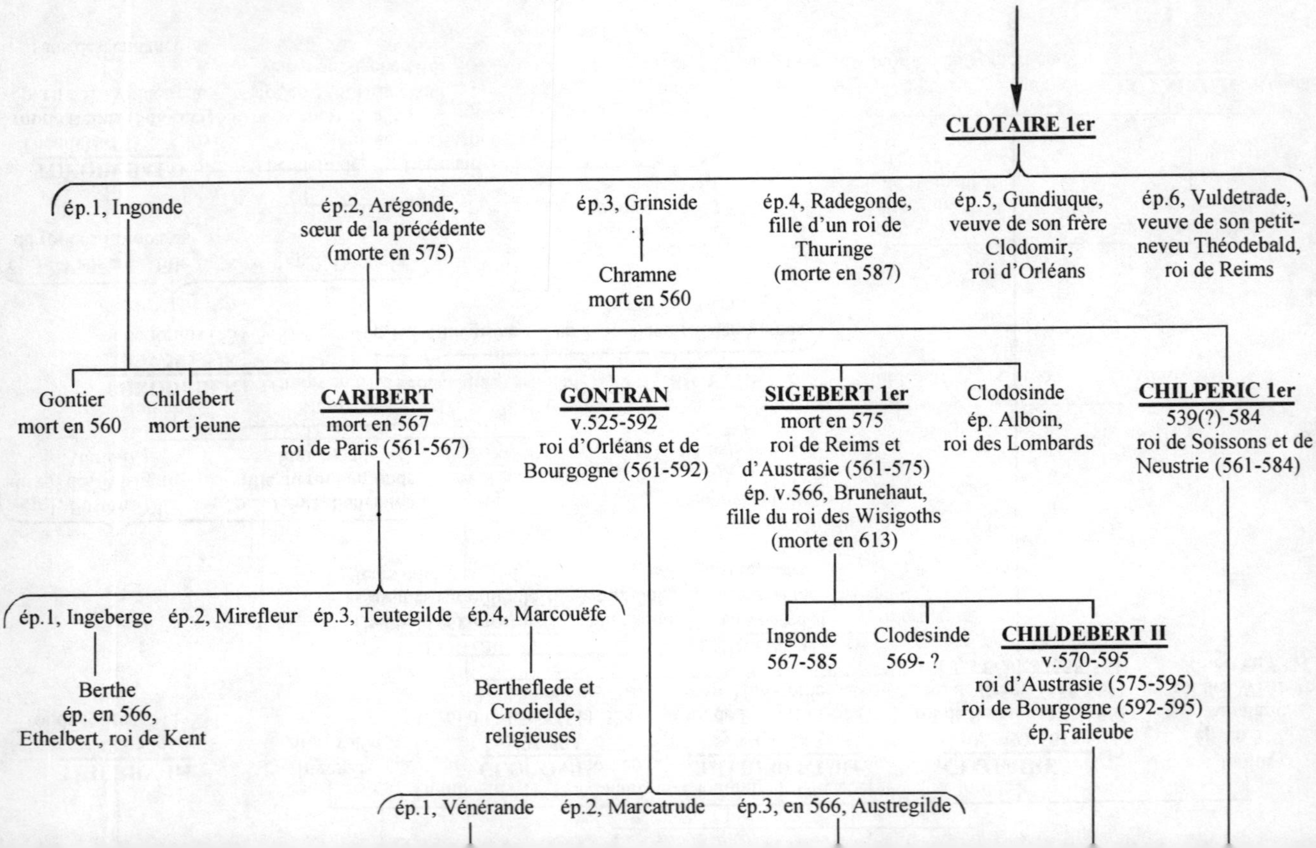
CLOTAIRE 1er
ép.1, Ingonde
ép.2, Arégonde, sœur de la précédente (morte en 575)
ép.3, Grinside
ép.4, Radegonde, fille d'un roi de Thuringe (morte en 587)
ép.5, Gundiuque, veuve de son frère Clodomir, roi d'Orléans
ép.6, Vuldetrade, veuve de son petit-neveu Théodebald, roi de Reims
Chramne mort en 560
Gontier mort en 560
Childebert mort jeune
CARIBERT mort en 567 roi de Paris (561-567)
GONTRAN v.525-592 roi d'Orléans et de Bourgogne (561-592)
SIGEBERT 1er mort en 575 roi de Reims et d'Austrasie (561-575) ép. v.566, Brunehaut, fille du roi des Wisigoths (morte en 613)
Clodosinde ép. Alboin, roi des Lombards
CHILPERIC 1er 539(?)-584 roi de Soissons et de Neustrie (561-584)
ép.1, Ingeberge
ép.2, Mirefleur
ép.3, Teutegilde
ép.4, Marcouëfe
Berthe ép. en 566, Ethelbert, roi de Kent
Bertheflede et Crodielde, religieuses
Ingonde 567-585
Clodesinde 569- ?
CHILDEBERT II v.570-595 roi d'Austrasie (575-595) roi de Bourgogne (592-595) ép. Faileube
ép.1, Vénérande
ép.2, Marcatrude
ép.3, en 566, Austregilde

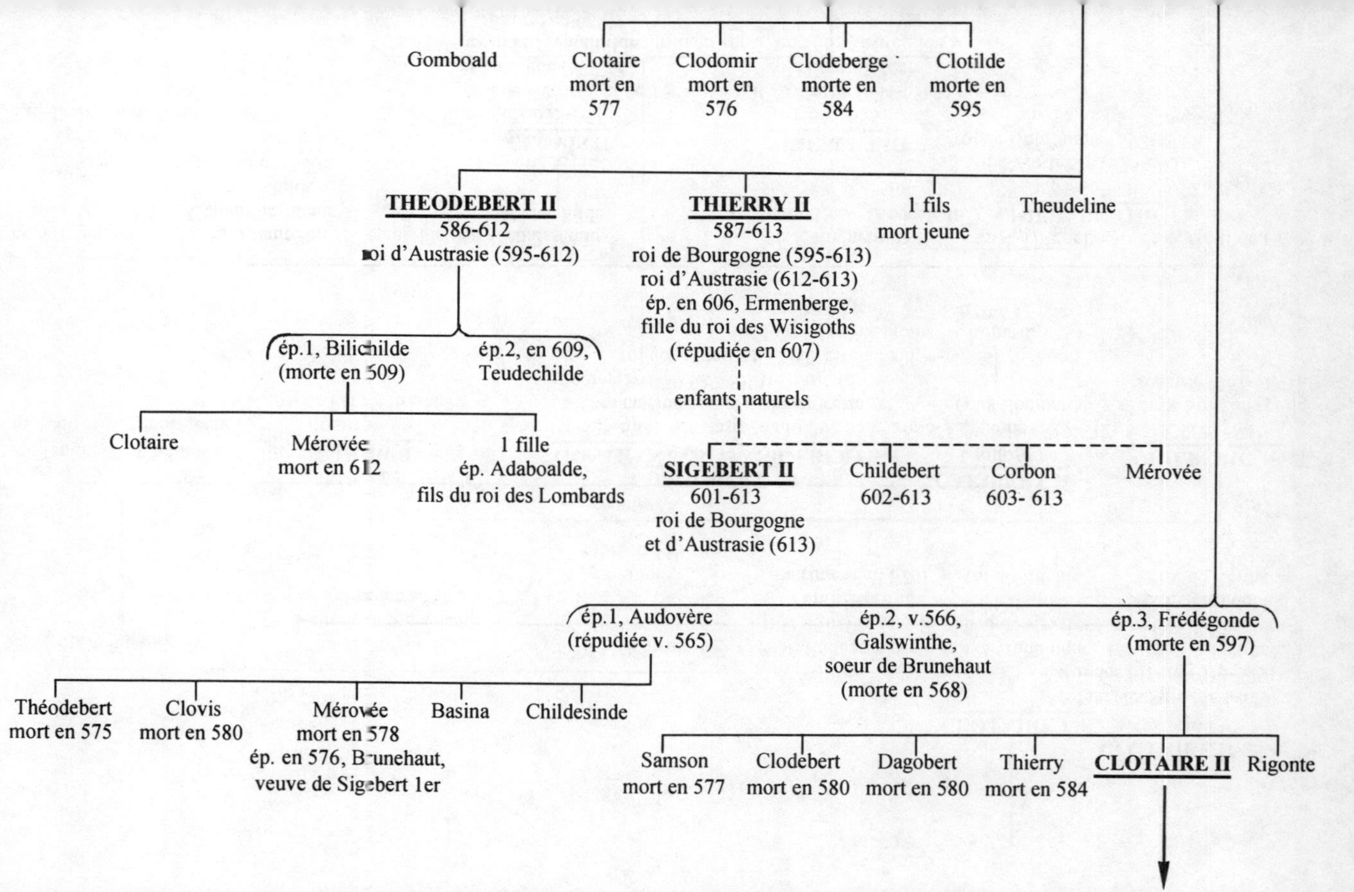
Gomboald
Clotaire mort en 577
Clodomir mort en 576
Clodeberge morte en 584
Clotilde morte en 595
THEODEBERT II
586-612
roi d'Austrasie (595-612)
THIERRY II
587-613
roi de Bourgogne (595-613)
roi d'Austrasie (612-613)
ép. en 606, Ermenberge,
fille du roi des Wisigoths
(répudiée en 607)
1 fils mort jeune
Theudeline
ép.1, Bilichilde (morte en 609)
ép.2, en 609, Teudechilde
enfants naturels
Clotaire
Mérovée mort en 612
1 fille
ép. Adaboalde,
fils du roi des Lombards
SIGEBERT II
601-613
roi de Bourgogne
et d'Austrasie (613)
Childebert 602-613
Corbon 603- 613
Mérovée
ép.1, Audovère (répudiée v. 565)
ép.2, v.566, Galswinthe, soeur de Brunehaut (morte en 568)
ép.3, Frédégonde (morte en 597)
Théodebert mort en 575
Clovis mort en 580
Mérovée mort en 578
ép. en 576, Brunehaut,
veuve de Sigebert 1er
Basina
Childesinde
Samson mort en 577
Clodebert mort en 580
Dagobert mort en 580
Thierry mort en 584
CLOTAIRE II
Rigonte

CLOTAIRE II
584-629
roi de Neustrie (584-629)
roi des Francs (613-629)

- ép.1, Haldetrude
  - Mérovée
    mort en 603
- ép.2, Bertrude
  (morte en 620)
  - **DAGOBERT 1er**
    v.604 (?)-639
    roi d'Austrasie (623-639)
    roi de Neustrie et de Bourgogne
    (629-639)
    roi des Francs (632-639)
    - ép.1, en 626,
      Gonatrude, soeur
      de Sichilde
      (répudiée v.630)
    - ép.2, v.630,
      Nantechilde
      - **CLOVIS II**
        V.635-657
        roi de Neustrie et de
        Bourgogne (639-657)
        ép. en 651, Bathilde
        (morte en 680)
    - ép.3, Ragnetrude
      - **SIGEBERT III**
        v.631-656
        roi d'Austrasie (634-656)
        ép. Himnechilde
    - ép.4, Ulfgonde
    - ép.5, Bertilde
  - **CARIBERT II**
    v.606-632
    roi d'Aquitaine (629-632)
    ép. Fulberte
    - Chilpéric
      629-632
- ép.3, Sichilde

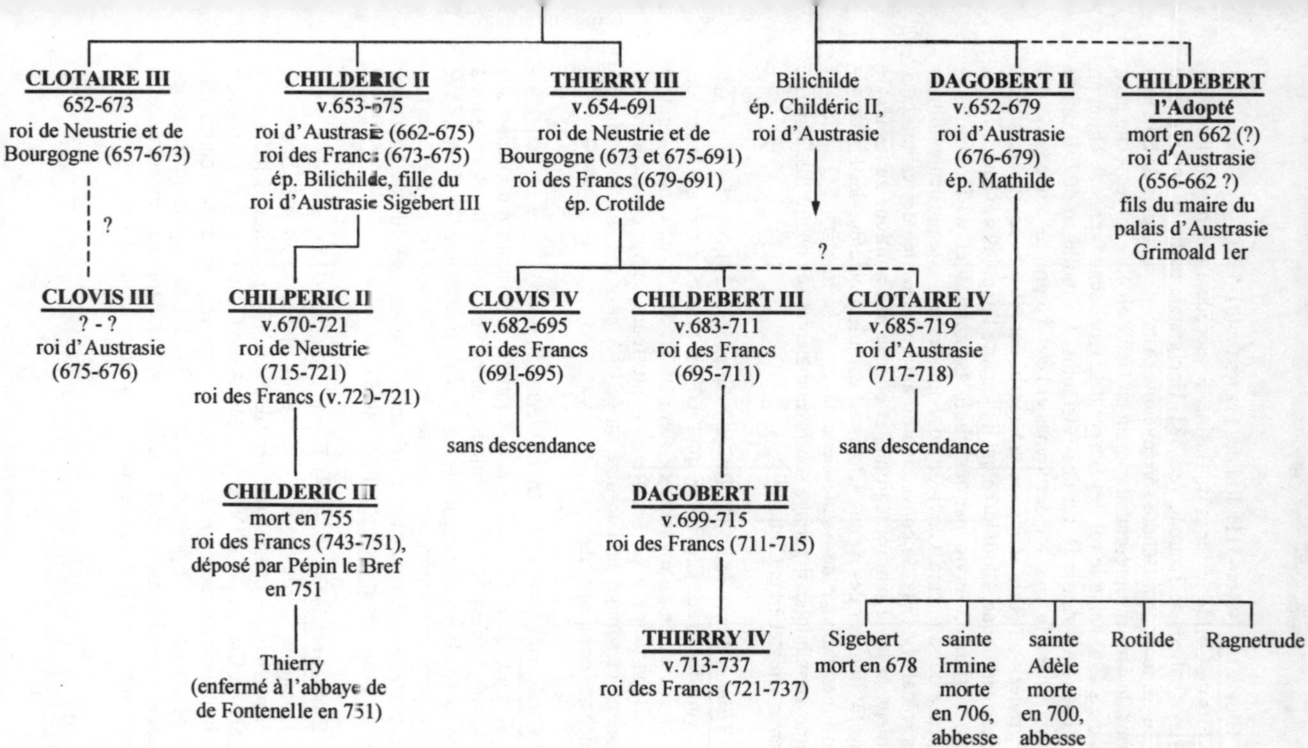

FIN DE LA DYNASTIE DES MEROVINGIENS

Clovis 1er (v.466-511). Roi des Francs (v.481-511).

Fils de Childéric 1er et de Basine, il succède à son père comme roi des Francs saliens de Tournai, vers 481. Une grande partie de son règne se passe en combats pour étendre son royaume. Ainsi il vainc près de Soissons Syagrius, le dernier représentant romain en Gaule en 486, bat les Alamans à Tolbiac en 496, vainc le roi des Burgondes, Gondebaud, près de Dijon en 500 et bat et tue Alaric II, roi des Wisigoths, à Vouillé en 507. Il unifie progressivement le royaume des Francs et l'étend à presque toute la Gaule, des Pyrénées au Rhin. Clovis s'est marié dès 493 avec une princesse burgonde catholique, Clotilde, ce qui lui apporte l'appui des évêques, face à l'hérésie arienne, suivie par les chefs burgondes et wisigoths. Sous l'influence de sa femme, Clovis se fait baptiser ainsi que plusieurs milliers de ses soldats (v.498). Sa conversion lui assure le soutien des catholiques, qui voient en lui le seul roi légitime, et engage une politique aux côtés de l'Eglise. Vainqueur des Ariens, Clovis est aussi le protecteur des fondations monastiques (abbaye de Sainte-Geneviève). A sa mort en 511, selon la coutume germanique, il partage son royaume entre ses quatre fils, Thierry, Clodomir, Childebert et Clotaire.

Thierry 1er (v.485-534). Roi de Reims (511-534).

Aîné des fils de Clovis 1er, qui l'a d'une princesse rhénane inconnue, il reçoit une partie du royaume de son père en 511, avec comme capitale Reims. Il participe avec ses frères à plusieurs campagnes contre les Burgondes et soumet la Thuringe en 531. A sa mort, en 534, son fils Théodebert 1er lui succède.

Clodomir (v.495-524). Roi d'Orléans (511-524).

Second fils de Clovis 1er et de Clotilde, il devient roi d'Orléans à la mort de son père en 511. Clodomir est tué en combattant les Burgondes à Vézeronce (524), en compagnie de ses frères. Deux de ses fils, Théobald et Gontaire, sont mis à mort par leurs oncles, Childebert 1er et Clotaire 1er, qui se partagent le royaume d'Orléans. Le troisième fils de Clodomir parvient à se sauver et devient saint Cloud.

Childebert 1er (v.495-558). Roi de Paris (511-558).

Troisième fils de Clovis 1er et de Clotilde, il devient en 511 roi de Paris. Il participe à l'assassinat des fils de son frère défunt Clodomir et s'empare de Chartres et d'Orléans (524). Avec Clotaire 1er et Théodebert 1er, il multiplie les campagnes contre les Burgondes, et, à leur soumission, il s'empare d'une partie de leur royaume (534). Il lutte également contre les Wisigoths, dont il vainc le chef Amalaric en 531. Mort sans enfant mâle en 558, son royaume est rattaché à celui de son frère Clotaire 1er.

Clotaire 1er (v.497-561). Roi de Soissons (511-561), roi de Reims (555-561), roi des Francs (558-561).

Quatrième fils de Clovis 1er, il devient en 511 roi de Soissons, lors du partage du royaume franc. Il participe avec ses frères à la lutte contre les Burgondes et fait assassiner deux des fils de Clodomir, dont il prend une partie du royaume (524). Il soumet la Thuringe en 531 avec Thierry 1er. A la mort de son petit-neveu Théodebald, roi de Reims, en 555, il s'empare de son royaume, puis fait de même en 558, à la mort de son frère Childebert 1er, il reste ainsi seul maître de tous les Etats francs. L'unité du royaume franc ne dure cependant que peu de temps puisqu'à la mort de Clotaire 1er, il est à nouveau partagé entre ses quatre fils.

Théodebert 1er (v.505-548). Roi de Reims (534-548).

Petit-fils de Clovis 1er, il succède à son père Thierry 1er en 534 comme roi de Reims. Avec ses oncles, il soumet définitivement le royaume burgonde. Il se fait céder la Provence par le roi des Ostrogoths, Vitigès, puis soumet l'Italie du nord en 539. Son fils Théodebald lui succède.

Théodebald (535-555). Roi de Reims (548-555).

Fils et successeur de Théodebert 1er, il devient roi de Reims en 548, à treize ans; mais de santé maladive, il ne joue pas un grand rôle et meurt sans enfant à l'âge de vingt ans. Son royaume est alors réuni à celui de Clotaire 1er, dernier fils vivant de Clovis 1er.

Caribert (? -567). Roi de Paris (561-567).

Fils aîné de Clotaire 1er, il devient roi de l'ouest de la Gaule, avec Paris comme capitale en 561. Il pratique la bigamie et est excommunié. Il meurt en 567, ne laissant que des filles, et son royaume est partagé entre ses frères.

Gontran (v.525-592). Roi d'Orléans et de Bourgogne (561-592).

Deuxième fils de Clotaire 1er, il devient en 561 roi d'Orléans et de Bourgogne. Il essaye de freiner les dissensions entre ses frères Sigebert 1er et Chilpéric 1er, qui entrent en guerre vers 570. Il mène des campagnes contre les Bretons, les Basques et les Wisigoths. Sans héritier mâle, il adopte son neveu Childebert II, roi d'Austrasie, qui devient son successeur en vertu du traité d'Andelot (587). Bienfaiteur des églises et abbayes, il est béatifié.

Sigebert 1er (? -575). Roi de Reims et d'Austrasie (561-575).

Troisième fils de Clotaire 1er, il reçoit à sa mort l'Austrasie, avec comme capitale Reims. Il entreprend plusieurs expéditions contre les Avars. Il épouse vers 566 Brunehaut, fille du roi des Wisigoths, alors que son frère Chilpéric 1er épouse la sœur de celle-ci, Galswinthe. L'assassinat de cette dernière (568) entraîne une guerre entre les deux frères. Sigebert 1er parvient à conquérir presque tout le royaume de Chilpéric 1er, et alors qu'il vient de s'emparer de Paris, et d'être proclamé roi de Neustrie, il est assassiné sur l'ordre de Frédégonde, la nouvelle femme de son frère. Il a pour successeur son fils Childebert II.

Chilpéric 1er (539 ?-584). Roi de Soissons et de Neustrie (561-584).

Quatrième fils de Clotaire 1er, il reçoit à la mort de son père le royaume de Soissons. C'est un personnage riche en contrastes : lettré, ami des spectacles, mais aussi débauché et tyrannique. Il épouse, vers 566, Galswinthe, la sœur de Brunehaut, femme de son frère Sigebert 1er, mais la fait étrangler par Frédégonde qu'il épouse ensuite (568). Cet assassinat est à l'origine d'une longue guerre entre les deux royaumes. Chilpéric 1er est vaincu en 575 par les Austrasiens, mais il est sauvé par la mort de son frère. Il est assassiné mystérieusement dans sa villa de Chelles en 584. Son fils Clotaire II lui succède.

Childebert II (v .570-595). Roi d'Austrasie (575-595), roi de Bourgogne (592-595).

Fils de Sigebert 1er et de Brunehaut, il succède à son père sur le trône d'Austrasie à l'âge de cinq ans en 575; mais en raison de son jeune âge, il reste sous la tutelle de sa mère. Adopté par son oncle Gontran, roi de Bourgogne, il lui succède en 592, en vertu du traité d'Andelot (587), réunissant ainsi l'Austrasie, la Bourgogne et les régions d'Orléans et de Paris. Il meurt peu après, en 595, peut-être empoisonné par sa femme Faileube et ses Etats sont partagés entre ses deux fils, Théodebert II et Thierry II.

Clotaire II (584-629). Roi de Neustrie (584-629), roi des Francs (613-629).

Fils de Chilpéric 1er et de Frédégonde, il n'a que quelques mois lorsque son père est assassiné, et sa mère assure la régence en Neustrie jusqu'en 597. Elle défend le royaume contre le roi d'Austrasie, Childebert II, mais Clotaire II est battu par les fils de celui-ci, Théodebert II et Thierry II en 604, et perd presque tout son territoire. Pourtant, après leur mort en 612 et 613, il fait exécuter Brunehaut et le roi Sigebert II et s'empare de leurs royaumes, devenant seul roi des Francs. Son règne est une période de prospérité et d'émergence de l'aristocratie terrienne. Clotaire II nomme à la tête de chacun des trois royaumes, Neustrie, Austrasie et Bourgogne, un maire du palais. En 614, il réunit à Paris une assemblée des Grands et un concile et publie un édit de paix.

Théodebert II (586-612). Roi d'Austrasie (595-612).

Fils et successeur de Childebert II, il reçoit le royaume d'Austrasie à la mort de son père, en 595, mais est dominé par sa grand-mère Brunehaut, qu'il parvient à chasser en 599. Avec son frère Thierry II, il reprend la lutte contre le royaume de Neustrie et étant parvenus à battre Clotaire II, ils s'emparent d'une grande partie de son territoire (600-604). Mais les deux frères prennent alors les armes l'un contre l'autre; Théodebert II est vaincu à Toul et à Tolbiac en 612, il est enfermé dans un monastère sur ordre de son aïeule Brunehaut et assassiné avec son fils Mérovée.

Thierry II (587-613). Roi de Bourgogne (595-613), roi d'Austrasie (612-613).

Deuxième fils de Childebert II, il reçoit les royaumes d'Orléans et de Bourgogne à sa mort en 595. Il règne sous la tutelle de sa grand-mère Brunehaut, chassée d'Austrasie par son frère Théodebert II. Avec celui-ci, il combat et parvient à vaincre le roi de Neustrie, Clotaire II (604). Puis, poussé par Brunehaut, il se retourne alors contre son frère, qu'il bat à Toul et à Tolbiac en 612. Sa mort lui livre le royaume d'Austrasie.

Sigebert II (601-613). Roi de Bourgogne et d'Austrasie (613).

Fils naturel de Thierry II, il lui succède en 613; mais le maire du palais, craignant qu'en raison de son jeune âge, il soit sous la tutelle de sa bisaïeule Brunehaut, les livre à Clotaire II, roi de Neustrie, qui les fait mettre à mort quelques mois plus tard. Le royaume de Sigebert II est alors rattaché à la Neustrie.

Dagobert 1er (v.604 ?-639). Roi d'Austrasie (623-639), roi de Neustrie et de Bourgogne (629-639), roi des Francs (632-639).

Fils aîné de Clotaire II et de Bertrude, son père lui donne dès 623 le royaume d'Austrasie, sous la tutelle de l'évêque de Metz, Arnoul. A la mort de Clotaire II, en 629, Dagobert 1er reçoit la Neustrie et la Bourgogne, abandonnant l'Aquitaine à son frère Caribert II. A la mort de celui-ci, en 632, il reconstitue l'unité du royaume franc, dont il établit la capitale à Paris. C'est le dernier grand roi mérovingien. Dagobert 1er s'impose à l'aristocratie, s'entoure de conseillers de talent, comme Eloi ou Didier. Il combat avec succès les Basques, les Bretons, les Wisigoths, les Lombards, mais échoue devant les Slaves, et conclut un traité de paix avec l'empereur byzantin Héraclius (631). Il a l'appui entier de l'Eglise, continuant l'œuvre de conversion des païens, créant ou agrandissant de nombreux monastères (Saint-Denis). En 634, il nomme roi d'Austrasie, son fils Sigebert III, ce qui traduit une certaine volonté d'indépendance de la part des Austrasiens. Puis, avant sa mort, il organise sa succession, en attribuant à son autre fils, Clovis II, la Neustrie et la Bourgogne. C'est sous son règne que s'unissent les deux familles, de Pépin, maire du palais d'Austrasie, et d'Arnoul, évêque de Metz, à l'origine de la dynastie des Carolingiens.

Caribert II (v.606-632). Roi d'Aquitaine (629-632).

Fils de Clotaire II et frère de Dagobert 1er, celui-ci, à la mort de leur père en 629, lui constitue un royaume en Aquitaine, où il règne pendant trois ans.

Sigebert III (v.631-656). Roi d'Austrasie (634-656).

Fils de Dagobert 1er, il est nommé roi d'Austrasie dès 634 par son père, et le reste après sa mort, mais il abandonne le soin de gouverner à Cunibert, évêque de Cologne, et à Adalgésil, duc d'Austrasie, puis à Pépin de Landen et à Grimoald, maires du palais. Il fonde le monastère de Ludon dans la forêt d'Ardenne. En 643, Sigebert III, alors sans enfant, adopte le fils de Grimoald, Childebert; mais, vers 652, lui naît un fils, Dagobert II, que Grimoald exile à la mort du roi en 656, au profit de son propre fils.

Clovis II (v.635-657). Roi de Neustrie et de Bourgogne (639-657).

Fils de Dagobert 1er, il lui succède en 639 à la tête du royaume de Neustrie et de Bourgogne, sous la tutelle de sa mère Nantechilde et des maires du palais, Aega, puis Erchinoald. Il épouse en 651, la future sainte Bathilde. Son fils Clotaire III lui succède.

Childebert l'Adopté (? -662 ?). Roi d'Austrasie (656- 662 ?).

Fils du maire du palais d'Austrasie, Grimoald, il est adopté par le roi Sigebert III en 643, et placé sur le trône en 656 par son père à la place du fils du roi défunt, Dagobert II, qui est exilé. Mais Childebert et son père Grimoald sont éliminés par les Grands de Neustrie, probablement en 662.

Clotaire III (652-673). Roi de Neustrie et de Bourgogne (657-673).

Fils aîné de Clovis II, il reçoit à la mort de son père en 657, le royaume de Neustrie et de Bourgogne; mais, en raison de son jeune âge, il règne sous la tutelle de sa mère, Bathilde. Ebroïn, devenu maire du palais en 658, finit par usurper toute l'autorité.

Childéric II (v.653-675). Roi d'Austrasie (662-675), roi des Francs (673-675).

Deuxième fils de Clovis II, et frère de Clotaire III, roi de Neustrie et de Bourgogne, il devient roi d'Austrasie en 662, après l'élimination du roi Childebert l'Adopté et de son père, le maire du palais Grimoald. Il règne sous la tutelle de sa tante, Himnechilde. En 673, il chasse le roi Thierry III de Neustrie et de Bourgogne, et réunit entre ses mains, tous les Etats francs. Il est assassiné en 675 par les Grands de Neustrie, dans la forêt de Lognes.

Thierry III (v.654-691). Roi de Neustrie et de Bourgogne (673 et 675-691), roi des Francs (679-691).

Troisième fils de Clovis II, il est placé sur le trône de Neustrie et de Bourgogne, à la mort de son frère Clotaire III, en 673, par le maire du palais Ebroïn, mais il est renversé presque aussitôt par Childéric II, roi d'Austrasie, appelé par les Grands du royaume, et enfermé à Saint-Denis. A la mort de Childéric II, en 675, Thierry III est rétabli sur le trône, mais règne sous la tutelle d'Ebroïn. La mort du roi d'Austrasie, Dagobert II en 679, fait de lui, le seul roi des Francs. L'assassinat d'Ebroïn en 680 porte un coup fatal à la Neustrie, dont les troupes sont battues à Tertry en 687 par Pépin de Herstal, maire du palais d'Austrasie. Le gouvernement des trois royaumes passe alors entre les mains de ce dernier, qui laisse toutefois Thierry III sur le trône.

Clovis III (? - ?). Roi d'Austrasie (675-676).

A la mort du roi d'Austrasie, Childéric II, en 675, Clovis III monte sur le trône; il est présenté comme le fils de Clotaire III, mais sa filiation et son existence ne sont pas avérées, et il ne règne qu'un an.

Dagobert II (v.652-679). Roi d'Austrasie (676-679).

Exilé dans un monastère irlandais à la mort de son père Sigebert III en 656, par le maire du palais d'Austrasie, Grimoald, Dagobert II est rappelé sur le trône en 676, mais il est assassiné trois ans plus tard.

Clovis IV (v.682-695). Roi des Francs (691-695).

Fils aîné de Thierry III, il lui succède en 691 sur le trône des trois royaumes, mais laisse gouverner le maire du palais Pépin de Herstal. Il meurt peu après, à l'âge de treize ans.

Childebert III (v.683-711). Roi des Francs (695-711).

Deuxième fils de Thierry III, il devient roi des Francs en 695, à la mort de son frère Clovis IV, mais règne également sous l'autorité du maire du palais Pépin de Herstal. Celui-ci mène plusieurs campagnes contre les Frisons et les Alamans. A la mort de Childebert III, son fils Dagobert III lui succède.

Dagobert III (v.699-715). Roi des Francs (711-715).

Fils de Childebert III, il lui succède à la tête des trois royaumes francs en 711, à l'âge de douze ans. Le pouvoir appartient cependant toujours au maire du palais, Pépin de Herstal, qui meurt en 714.

Chilpéric II (v.670-721). Roi de Neustrie (715-721), roi des Francs (v.720-721).

Fils de Childéric II, il est placé sur le trône de Neustrie en 715, à la mort de Dagobert III, par le maire du palais Rainfroi, qui veut l'opposer à Charles Martel, maire du palais d'Austrasie. Mais les Neustriens sont battus par celui-ci en 717 et 719 et Chilpéric II est forcé d'admettre Charles Martel comme maire du palais de Neustrie. Ce dernier le reconnaît comme roi des Francs vers 720.

Clotaire IV (v.685-719). Roi d'Austrasie (717-718).

Ce roi mérovingien, dont la filiation avec Thierry III n'est pas avérée, est placé sur le trône d'Austrasie par le maire du palais Charles Martel en 717, contre le roi de Neustrie, Chilpéric II.

Thierry IV (v.713-737). Roi des Francs (721-737).

Fils de Dagobert III, il succède à Chilpéric II en 721, mais il est soumis à la toute-puissance du maire du palais Charles Martel. Celui-ci multiplie les campagnes contre les Frisons et les Saxons, soumet la Thuringe et la Bavière, et arrête les Arabes à Poitiers (732). A la mort de Thierry IV, Charles Martel laisse le trône mérovingien vacant, il meurt lui-même en 741.

Childéric III (? - 755). Roi des Francs (743-751).

Fils de Chilpéric II, après s'être fait moine, il devient roi des Francs en 743, après une vacance du trône de six ans, installé par les deux maires du palais, fils et successeurs de Charles Martel, Pépin le Bref et Carloman. C'est le dernier des rois mérovingiens; Pépin le Bref le dépose en 751, le fait enfermer dans l'abbaye de Saint-Bertin, où il meurt quelques années plus tard, et prend sa place sur le trône. Son fils Thierry est enfermé à l'abbaye de Fontenelle. C'est la fin de la dynastie des Mérovingiens.

Sigebert 1er au moment de son assassinat.

LES PIPPINIDES

Cette dynastie qui doit son nom à Pépin le Bref, maire du palais puis roi des Francs (751-768), est issue de l'union de deux familles aristocratiques franques d'Austrasie. Ses représentants se sont succédé comme maires du palais à partir du VIIè siècle avec Pépin de Landen. L'ascension des Pippinides se fait parallèlement à l'affaiblissement de la monarchie mérovingienne avec Pépin de Herstal, Charles Martel et Pépin le Bref.

Celui-ci, assuré du soutien de la papauté, renverse le dernier roi mérovingien Childéric III en 751 et se fait proclamer roi des Francs par une assemblée de nobles. Son fils Charlemagne a donné son nom à la dynastie des Carolingiens.

Childéric III déposé par Pépin le Bref.

LA GENEALOGIE DES PIPPINIDES

(ancêtres de Pépin le Bref)

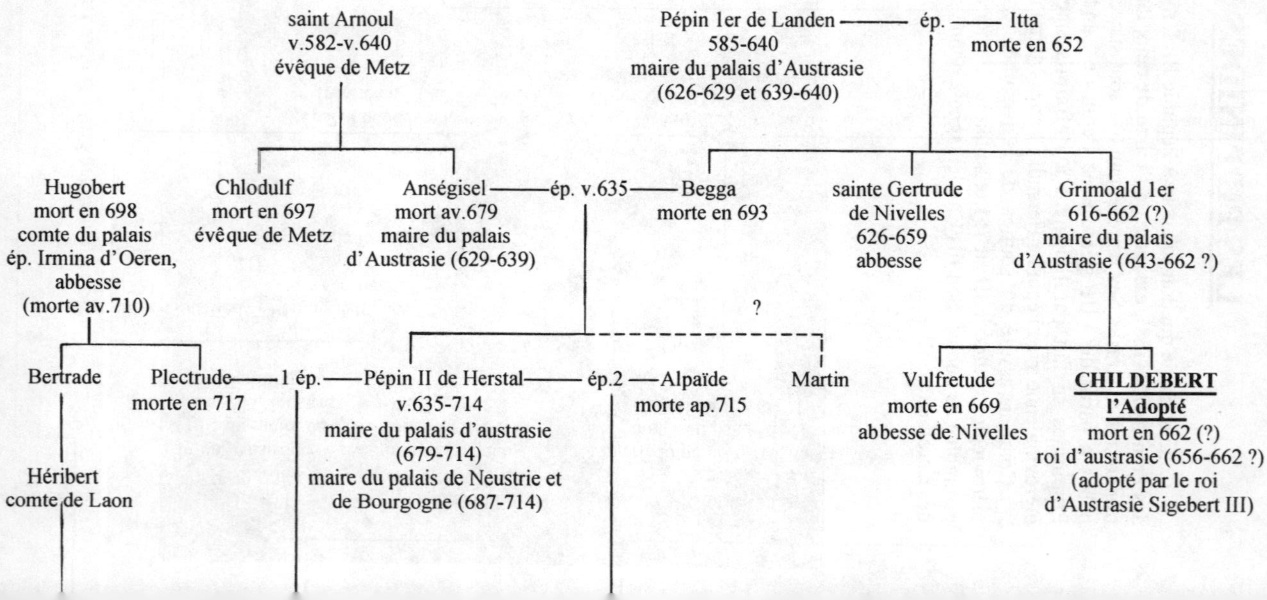

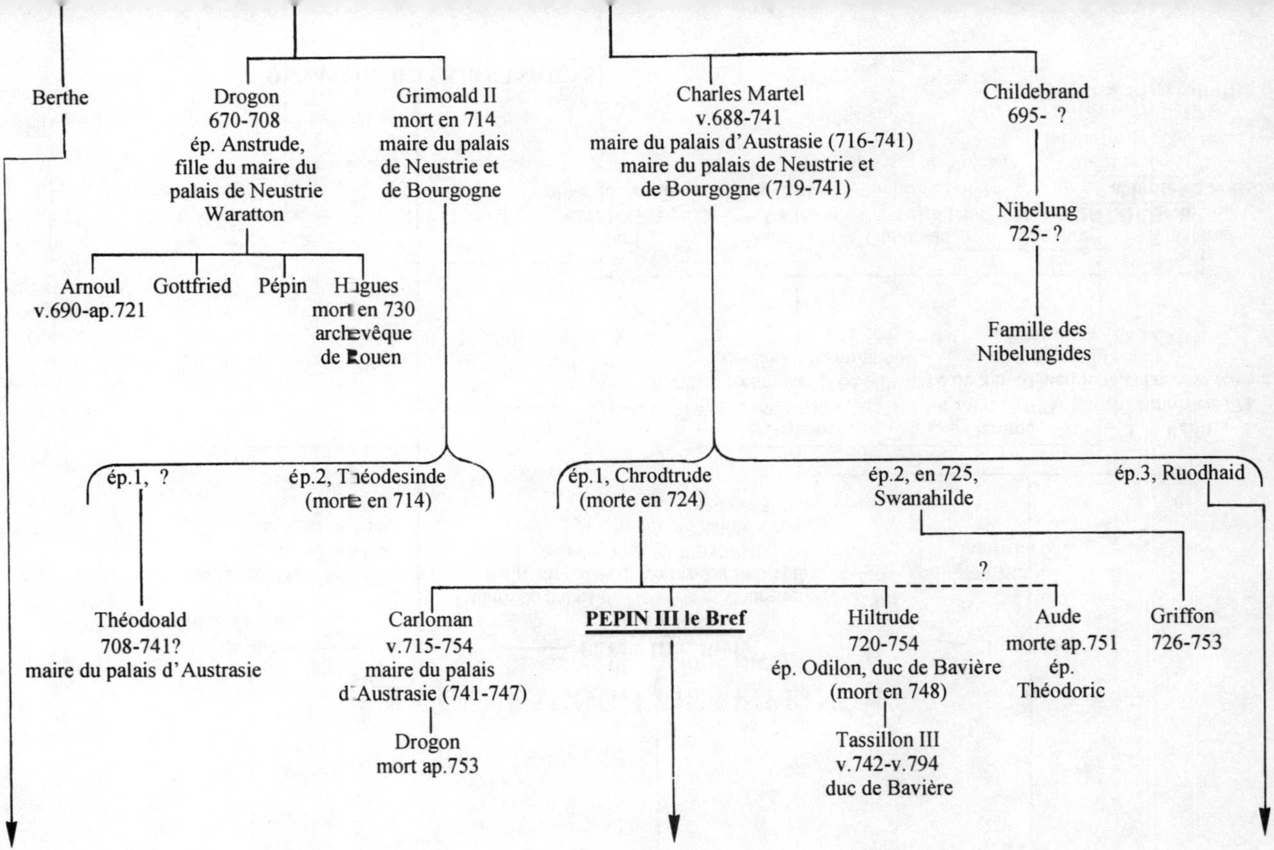
Berthe
Drogon
670-708
ép. Anstrude,
fille du maire du
palais de Neustrie
Waratton
Grimoald II
mort en 714
maire du palais
de Neustrie et
de Bourgogne
Charles Martel
v.688-741
maire du palais d'Austrasie (716-741)
maire du palais de Neustrie et
de Bourgogne (719-741)
Childebrand
695- ?
Nibelung
725- ?
Famille des
Nibelungides
Arnoul
v.690-ap.721
Gottfried
Pépin
Hugues
mort en 730
archevêque
de Rouen
ép.1, ?
ép.2, Théodesinde
(morte en 714)
ép.1, Chrodtrude
(morte en 724)
ép.2, en 725,
Swanahilde
ép.3, Ruodhaid
?
Théodoald
708-741?
maire du palais d'Austrasie
Carloman
v.715-754
maire du palais
d'Austrasie (741-747)
Drogon
mort ap.753
PEPIN III le Bref
Hiltrude
720-754
ép. Odilon, duc de Bavière
(mort en 748)
Tassillon III
v.742-v.794
duc de Bavière
Aude
morte ap.751
ép.
Théodoric
Griffon
726-753

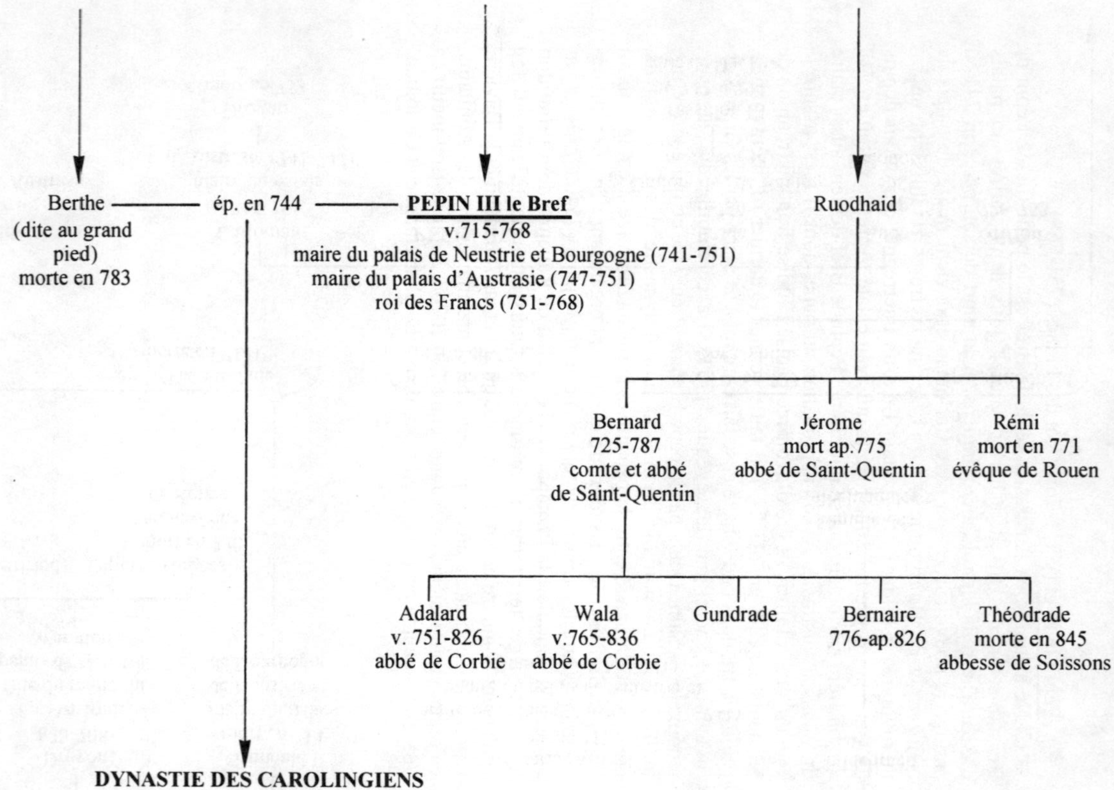
Berthe
(dite au grand
pied)
morte en 783
ép. en 744
PEPIN III le Bref
v.715-768
maire du palais de Neustrie et Bourgogne (741-751)
maire du palais d'Austrasie (747-751)
roi des Francs (751-768)
Ruodhaid
Bernard
725-787
comte et abbé
de Saint-Quentin
Jérome
mort ap.775
abbé de Saint-Quentin
Rémi
mort en 771
évêque de Rouen
Adalard
v. 751-826
abbé de Corbie
Wala
v.765-836
abbé de Corbie
Gundrade
Bernaire
776-ap.826
Théodrade
morte en 845
abbesse de Soissons
DYNASTIE DES CAROLINGIENS

Pépin le Bref (v.715-768). Roi des Francs (751-768).

Né à Jupille en Austrasie, Pépin le Bref est le petit-fils de Pépin de Herstal et un des fils de Charles Martel, tous deux maires du palais d'Austrasie sous les rois mérovingiens. A la mort de son père, en 741, il partage le pouvoir avec son frère Carloman et devient maire du palais de Neustrie et de Bourgogne. En 743, les deux frères rétablissent un roi mérovingien, Childéric III, mettant fin à un interrègne, qui durait depuis 737, et pour mettre fin à une révolte qui avait éclaté. Après le retrait en 747 de son frère Carloman, qui se fait moine, Pépin le Bref devient aussi maire du palais d'Austrasie. Avec l'approbation du pape, dont il s'est assuré le soutien, et qui lui savait gré d'avoir réorganisé l'Eglise franque (réunion de plusieurs conciles en 743-747), il fait enfermer le dernier roi mérovingien, Childéric III, dans une abbaye et se fait élire roi à sa place par les Grands du royaume et sacrer par les évêques (751). La cérémonie du sacre est renouvelée à Saint-Denis par le pape Etienne II en 754, ce qui confère une légitimité et un pouvoir divin à la future dynastie des Carolingiens, consacrant l'alliance entre la papauté et la royauté franque. Le nouveau roi Pépin le Bref justifie aussitôt cette alliance en organisant deux expéditions en Italie contre les Lombards, qui menaçaient le pape (754 et 756), et sur lesquels il conquiert la Pentapole et l'exarchat de Ravenne dont il fait don au Saint-Siège, territoires à l'origine des futurs Etats pontificaux. Il fait également la guerre contre les Saxons, qu'il bat en 758, soumet la Bavière, reprend la Septimanie aux Arabes en 759 et mate la révolte des Aquitains, en organisant plusieurs campagnes entre 760 et 768. Pépin le Bref meurt en 768, son royaume est partagé entre ses deux fils, Charlemagne et Carloman.

Charlemagne.

LES CAROLINGIENS

Cette dynastie de rois et empereurs a régné sur une partie de l'Europe occidentale du milieu du VIIIè siècle au Xè siècle et doit son nom à son plus illustre représentant, Charlemagne.

Le fondateur en est Pépin le Bref qui met fin en 751 à la dynastie des Mérovingiens en destituant Childéric III et en se faisant proclamer roi des Francs.

Son fils Charlemagne poursuit les conquêtes et unifie une grande partie de l'Europe occidentale, avant de se faire couronner empereur d'Occident en 800. Mais en 843, cet Empire est partagé entre les trois petits-fils de Charlemagne et sa partie occidentale donne naissance à un premier territoire français, la *Francia occidentalis*, cadre dans lequel se succèdent les rois carolingiens de Charles le Chauve à Louis V pendant 150 ans.

Le Xè siècle voit l'affaiblissement de la monarchie carolingienne, incapable de lutter contre le morcellement du royaume de France en principautés et les invasions étrangères. A plusieurs reprises, les Grands du royaume élisent un roi issu de la famille des Robertiens (888 à 898 et 922 à 936). La mort du roi Louis V le Fainéant en 987 marque la fin de la branche française de la dynastie carolingienne.

Pénitence de Louis 1er le Pieux à Attigny.

LA GENEALOGIE DES CAROLINGIENS

PEPIN III le Bref
v.715-768
maire du palais de Neustrie et Bourgogne (741-751) — ép. en 744 — Berthe (dite au grand pied) morte en 783
maire du palais d'Austrasie (747-751)
roi des Francs (751-768)

CHARLES 1er le Grand ou **CHARLEMAGNE**
747-814
roi des Francs (768-814)
empereur d'Occident (800-814)

CARLOMAN
v.751-771
roi des Francs (768-771)
ép. en 768, Gerberge, fille du roi des Lombards Didier

2 fils, Pépin (770- ?) et ? , enfermés dans un monastère par Charlemagne

Gisèle
757-810
abbesse de Chelles

Pépin
759-761

Rothaïde
morte jeune

Adélaïde
morte jeune

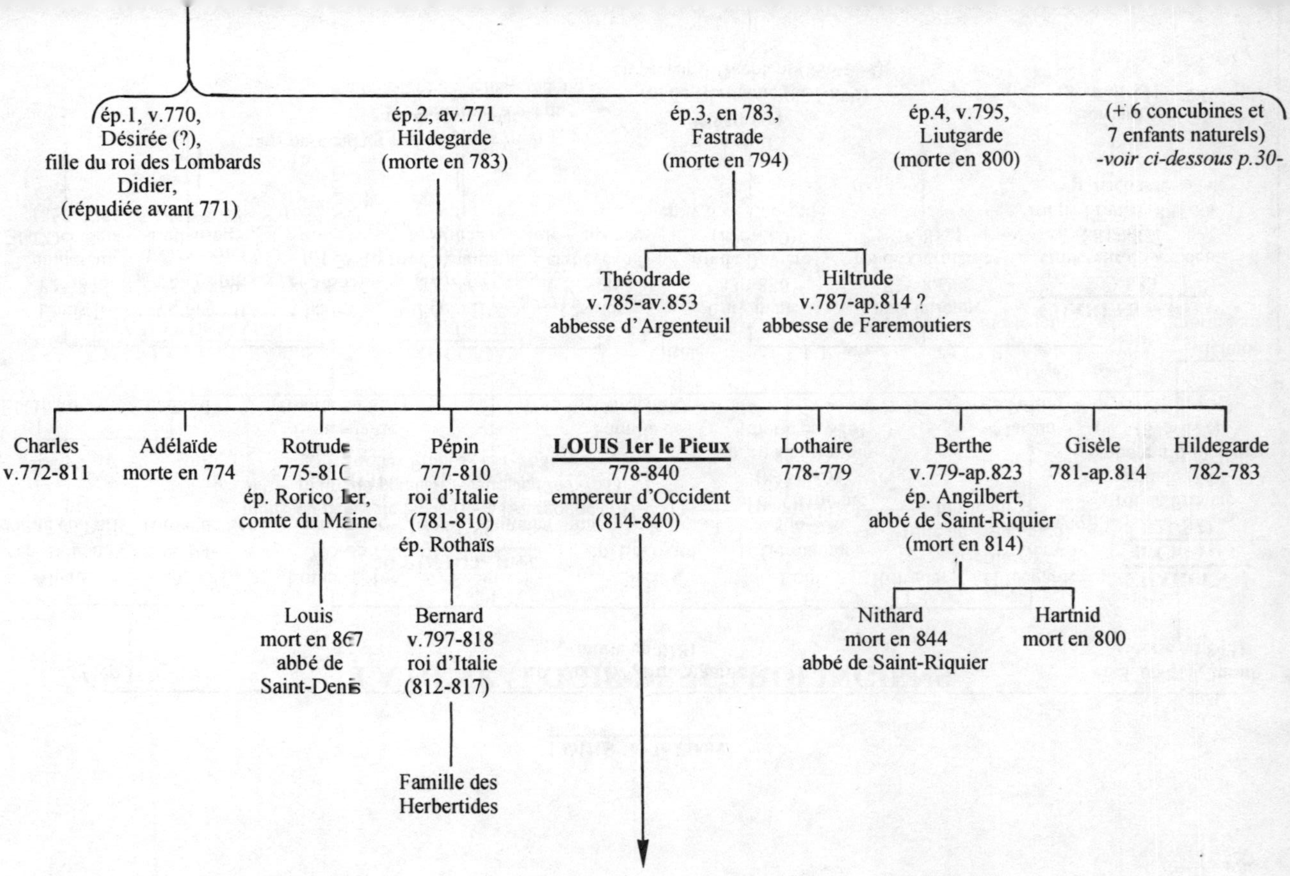

ép.1, v.770, Désirée (?), fille du roi des Lombards Didier, (répudiée avant 771)
ép.2, av.771 Hildegarde (morte en 783)
ép.3, en 783, Fastrade (morte en 794)
ép.4, v.795, Liutgarde (morte en 800)
(+ 6 concubines et 7 enfants naturels) *-voir ci-dessous p.30-*
Théodrade v.785-av.853 abbesse d'Argenteuil
Hiltrude v.787-ap.814 ? abbesse de Faremoutiers
Charles v.772-811
Adélaïde morte en 774
Rotrude 775-810 ép. Rorico 1er, comte du Maine
Pépin 777-810 roi d'Italie (781-810) ép. Rothaïs
LOUIS 1er le Pieux 778-840 empereur d'Occident (814-840)
Lothaire 778-779
Berthe v.779-ap.823 ép. Angilbert, abbé de Saint-Riquier (mort en 814)
Gisèle 781-ap.814
Hildegarde 782-783
Louis mort en 867 abbé de Saint-Denis
Bernard v.797-818 roi d'Italie (812-817)
Famille des Herbertides
Nithard mort en 844 abbé de Saint-Riquier
Hartnid mort en 800

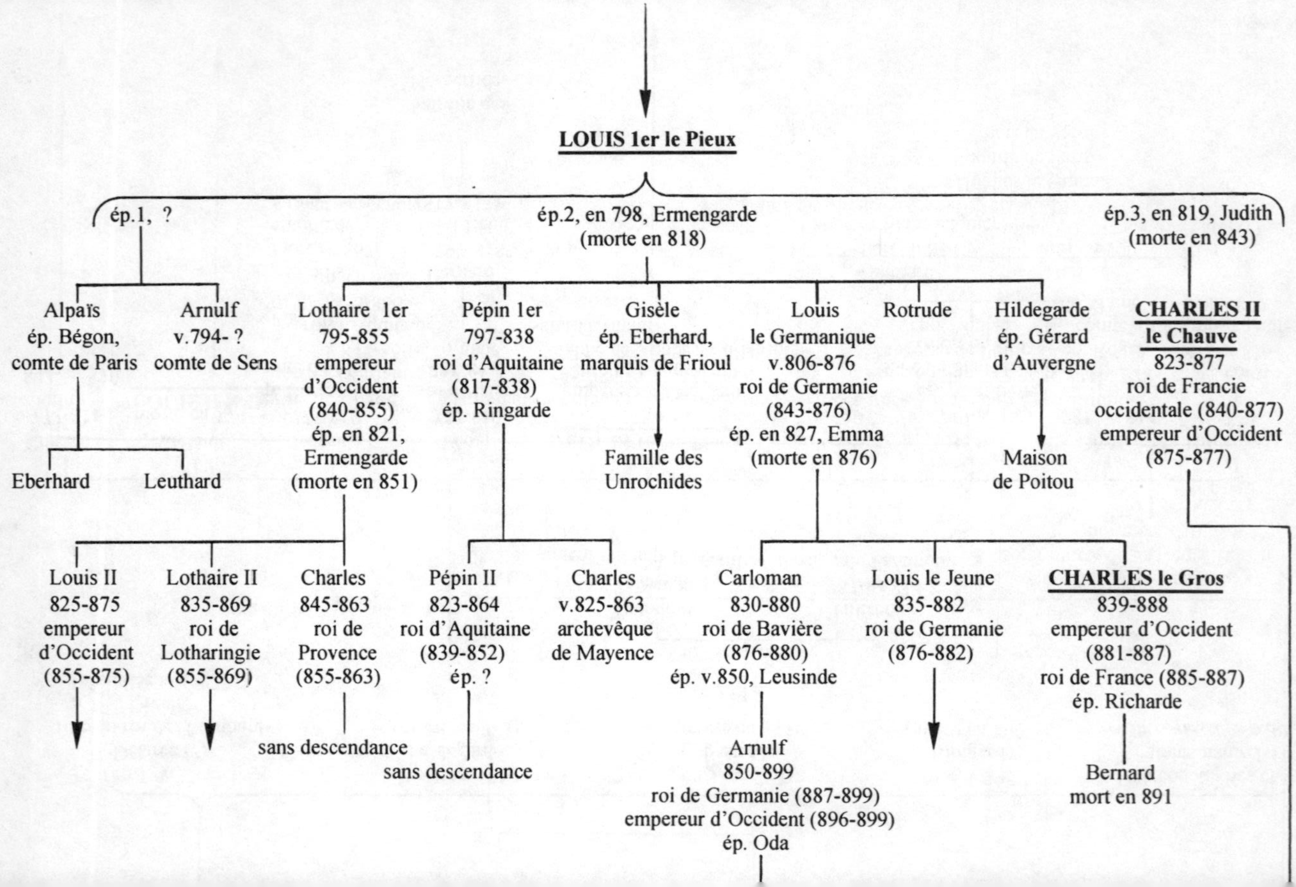
LOUIS 1er le Pieux
ép.1, ?
ép.2, en 798, Ermengarde (morte en 818)
ép.3, en 819, Judith (morte en 843)
Alpaïs ép. Bégon, comte de Paris
Arnulf v.794- ? comte de Sens
Lothaire 1er 795-855 empereur d'Occident (840-855) ép. en 821, Ermengarde (morte en 851)
Pépin 1er 797-838 roi d'Aquitaine (817-838) ép. Ringarde
Gisèle ép. Eberhard, marquis de Frioul
Louis le Germanique v.806-876 roi de Germanie (843-876) ép. en 827, Emma (morte en 876)
Rotrude
Hildegarde ép. Gérard d'Auvergne
CHARLES II le Chauve 823-877 roi de Francie occidentale (840-877) empereur d'Occident (875-877)
Eberhard
Leuthard
Famille des Unrochides
Maison de Poitou
Louis II 825-875 empereur d'Occident (855-875)
Lothaire II 835-869 roi de Lotharingie (855-869)
Charles 845-863 roi de Provence (855-863)
sans descendance
Pépin II 823-864 roi d'Aquitaine (839-852) ép. ?
sans descendance
Charles v.825-863 archevêque de Mayence
Carloman 830-880 roi de Bavière (876-880) ép. v.850, Leusinde
Louis le Jeune 835-882 roi de Germanie (876-882)
CHARLES le Gros 839-888 empereur d'Occident (881-887) roi de France (885-887) ép. Richarde
Arnulf 850-899 roi de Germanie (887-899) empereur d'Occident (896-899) ép. Oda
Bernard mort en 891

Louis l'Enfant
893-911
roi de Germanie et
empereur d'Occident (900-911)

sans descendance

ép.1, en 842, Ermentrude,
fille du comte d'Orléans Eudes
(morte en 869)

ép.2, en 870, Richilde,
sœur du roi de Provence Boson
(morte en 910)

Judith
v.844-ap.870

LOUIS II le Bègue

Charles
l'Enfant
v.847-866
roi d'Aquitaine
(855-866)
ép. en 862, ?

sans descendance

Carloman
849-v.877
abbé

Lothaire
850-865
abbé de
Saint-Germain
d'Auxerre

Ermentrude
851-ap.877
abbesse d'Hasnon

Hildegarde

Rotrude
855-ap.912
abbesse de Poitiers
et d'Andlau

Rothilde
v.871-v.928
ép. Roger,
comte
du Maine

4 fils,
nés entre
872 et 876,
tous morts jeunes,
avant 877

Hugues 1er
comte du Maine

Maison du Maine

Rohaut (?)
ép. v.914,
Hugues le Grand,
comte de Paris
(mort en 956)

Rothilde (?)

Judith

- ép.1, en 856, Aethelwulf, roi de Wessex (mort en 858)
- ép.2, en 858, Aethelbald, roi de Wessex (mort en 860)
- ép.3, en 862, Baudouin 1er Bras-de-fer, comte de Flandre (mort en 879)
  - Baudouin II mort en 918
    - Maison de Flandre

LOUIS II le Bègue
846-879
roi de France (877-879)

- ép.1, en 862, Ansgarde, fille du comte Hardouin (répudiée v.878)
  - **LOUIS III** v.863-882 roi de France (879-882) — sans descendance
  - **CARLOMAN** 867-884 roi de France (879-884) — sans descendance
  - Gisèle 869-ap.879 ép. Robert, comte de Troyes
  - Hildegarde
  - Ermentrude v.875- ? ép. ?
    - Cunégonde v.890- ap.930
- ép.2, en 878, Adélaïde, fille du comte Adalard (morte en 901)
  - **CHARLES III le Simple** 879-929 roi de France (893-923)
    - ép.1, en 907, Frérone, princesse lotharingienne (morte en 917)
    - ép.2, v.918, Edwige, fille du roi de Wessex Edouard
    - (+ plusieurs concubines et 4 enfants naturels) *-voir ci-dessous p.30-*

Ermentrude — Frérone — Adélaïde — Gisèle — Rothrude — Hildegarde

LOUIS IV d'Outremer
v.920-954
roi de France (936-954)
ép. en 939, Gerberge de Saxe,
fille du roi de Germanie Henri 1er
(morte en 984)

LOTHAIRE
941-986
roi de France (954-986)
ép. en 966, Emma,
fille du roi d'Italie Lothaire
(+1 concubine et
2 enfants naturels)
-voir ci-dessous p.30-

Mathilde
943-ap.980
ép. v.964,
Conrad III,
roi de Bourgogne

Charles
945-av.953

1 fille
948- ?

Louis
948-954

Charles
953-991
duc de Basse-Lorraine
ép.Adélaïde

Henri
953-v.954

LOUIS V le Fainéant
v.967-987
roi de France (986-987)
ép. Adélaïde, fille du
comte d'Anjou
(morte en 913)
sans descendance

Eudes
970-av.986
chanoine à Reims

Otton
v.970-1012 ?
duc de Basse-Lorraine

Gerberge
v.975-ap.1018
ép. v.990,
Lambert 1er,
comte de Louvain
→ Maison de Brabant

Louis
v.980-1012

Charles
989-mort jeune

Adélaïde
morte après 1012

FIN DE LA DYNASTIE DES CAROLINGIENS

LA DESCENDANCE ILLEGITIME DES CAROLINGIENS

CHARLEMAGNE
747-814
6 concubines

- Himiltrude
  - Pépin le Bossu, v.770-811 (enfermé en 792)
- ?
  - Rothaïde, v.784-ap.814 ?
- Madelgarde
  - Ruothilde, 790-852, abbesse de Faremoutiers
- Gerwinde
  - Adeltrude
- Regina
  - Drogon, 801-855, évêque de Metz
  - Hugues, v.802-844, abbé de Saint-Quentin et de Lobbes
- Adelinde
  - Thierry, 807-ap.818, clerc

CHARLES III le Simple
879-929
plusieurs concubines

- Arnulf
- Drogon
- Roricon, mort en 976, évêque de Laon
- Alpaïs

LOTHAIRE
941-986
1 concubine

- Arnoul, av.967-1021, archevêque de Reims
- Richard, mort ap.991

Charles le Chauve.

Charles 1er le Grand ou **Charlemagne** (747-814). Roi des Francs (768-814), empereur d'Occident (800-814).

Fils aîné de Pépin le Bref et de Berthe, il devient roi des Francs à la mort de son père en 768, mais doit partager le royaume avec son frère Carloman. A la mort de celui-ci, en 771, Charlemagne devient seul roi des Francs, à la tête d'un royaume qu'il allait fortement agrandir, et qui fit de lui un des plus puissants souverains de l'époque. Soldat et conquérant, il a passé la plus grande partie de sa vie à faire la guerre. En 773, il se rend en Italie, à l'appel du pape Adrien 1er, menacé par Didier, le roi des Lombards. Celui-ci est vaincu, exilé et Charlemagne ceint la couronne des Lombards. L'alliance entre la royauté franque et la papauté est ainsi renouvelée. En 778, Charlemagne conduit une première expédition en Espagne, qui échoue (épisode légendaire de Roland à Roncevaux). Ce n'est que vingt ans plus tard qu'il réussit à soumettre les régions au nord de l'Ebre. En 781, reconnaissant certains particularismes régionaux, il nomme son fils Pépin, roi d'Italie, et son fils Louis, roi d'Aquitaine. Charlemagne intervient enfin en 788 contre le duc de Bavière, Tassillon III, qui s'était revolté, le dépose et annexe le territoire. Mais la guerre la plus longue et la plus difficile est celle qu'il a menée contre les Saxons, peuple germain, encore païen et qui menace l'Austrasie. Cette lutte dure de 772 à 803, nécessite de très nombreuses expéditions et Charlemagne est obligé de recourir à des méthodes brutales pour les soumettre définitivement. Un soulèvement, dirigé par Widukind, éclate en 782, puis une révolte en 793 oblige les Francs à intervenir à nouveau. Finalement, Charlemagne doit procéder à des déportations massives de Saxons et les remplacer par des colons francs. Pour protéger cette frontière du royaume, il entreprend des campagnes contre les Frisons et les Avars. Tout autour de cet Empire ainsi constitué, il crée des «marches», sortes de gouvernements militaires, dont les chefs, les margraves, sont chargés de la défense du territoire. Charlemagne est ainsi devenu, par ses conquêtes, le maître d'un empire qui couvre une grande partie de l'Europe occidentale; aucun autre souverain n'a eu une telle puissance depuis 476. En 800, Charlemagne vient à Rome rétablir le pape Léon III, qui avait été chassé par une révolte de nobles. Le 25 décembre, celui-ci le couronne empereur; c'est la restauration d'un titre impérial en Europe occidentale, ce qui confère un prestige encore plus grand à Charlemagne. Dans le domaine intérieur, son règne est marqué par un effort d'organisation administrative, qui n'en est pas moins remarquable : généralisation de la division du royaume en comtés (les comtes se trouvant au sommet de la pyramide vassalique), réunions régulières des grands dignitaires laïcs et ecclésiastiques, promulgation de capitulaires, envoi dans les provinces de *missi dominici*, chargés de contrôler l'administration des comtes. Dans le domaine monétaire, il affirme le monopole royal de frappe des monnaies. Autour du souverain vit un personnel nombreux de fonctionnaires et de conseillers qui constituent avec lui le gouvernement central; cette cour suit partout Charlemagne, qui ne fixe sa capitale qu'en 807 à Aix-la-Chapelle. Son règne est enfin marqué par un renouveau intellectuel et artistique, avec la création d'écoles, la présence autour de lui d'hommes instruits (Alcuin, Eginhard, Paul Diacre), la construction d'édifices religieux. Charlemagne a eu quatre épouses reconnues et au moins six concubines, dont il a eu dix-huit enfants. Dès 806, toujours dans la tradition franque, il prévoit le partage de son empire entre ses trois fils, mais Pépin meurt en 810 et Charles en 811. A la mort de Charlemagne en 814, son petit-fils Bernard devint roi d'Italie et son dernier fils vivant Louis lui succède à la tête de l'empire.

Carloman (v.751-771). Roi des Francs (768-771).

Fils de Pépin le Bref et frère de Charlemagne, il devient roi des Francs conjointement avec celui-ci à la mort de leur père en 768. La mort prématurée de Carloman en 771 laisse Charlemagne seul à la tête du royaume des Francs, alors que sa femme Gerberge se réfugie auprès du roi des Lombards, Didier, et que ses deux fils sont enfermés dans un monastère par leur oncle.

Louis 1er le Pieux (778-840). Empereur d'Occident (814-840).

Troisième fils de Charlemagne et d'Hildegarde, Louis devient roi d'Aquitaine dès 781, puis est associé au trône par son père en 813, après la mort de ses deux frères. Il est donc le seul héritier de tout l'empire, à la mort de Charlemagne, en 814. Comme lui, il est couronné empereur par le pape Etienne IV en 816 à Reims, et son règne est marqué par une forte influence des prélats. Dès 817, Louis 1er veut régler le problème de sa succession, par l'*Ordinatio imperii,* en fixant la part qui devait revenir à chacun de ses trois fils, Lothaire (qu'il associe à l'empire), Pépin et Louis. Ce partage suscite la révolte de Bernard, roi d'Italie, neveu de Louis 1er et petit-fils de Charlemagne. Il est vaincu par l'empereur, qui lui fait crever les yeux, et meurt en 818. Mais Louis 1er, profondément chrétien, fait une pénitence publique à Attigny, en 822, devant les Grands de l'empire, ce qui affaiblit son prestige. Les difficultés pour régler sa succession s'aggravent par la suite. Veuf de sa première femme, Ermengarde, en 818, Louis 1er s'est remarié en 819 avec Judith, dont il a, en 823, un quatrième fils, Charles. Pour donner à celui-ci une part de son héritage, il remanie le règlement de 817, à l'assemblée de Worms (829), ce qui entraîne la révolte de ses trois fils aînés, en 830, puis en 833. Louis 1er, vaincu, est alors jugé, condamné et déposé au Lügenfeld, et enfermé dans un monastère. Les discordes entre ses fils lui permettent d'être restauré en 834, mais il ne peut retrouver toute son autorité. A la mort de son deuxième fils Pépin, en 838, Louis 1er fait un troisième partage de l'empire tout à l'avantage de Charles (839). Son règne est marqué dans le domaine intérieur par la poursuite de l'œuvre de renaissance carolingienne entreprise par son père Charlemagne, sur les plans administratif, religieux et intellectuel. Au niveau militaire, Louis 1er achève les conquêtes de Charlemagne, en soumettant les Bretons, les Saxons et les Slaves de Pannonie. C'est enfin à cette période que l'empire a commencé à être menacé par les raids des Vikings sur les côtes atlantiques, et les incursions des Sarrasins en Provence. Louis 1er meurt en 840, en laissant entier le problème de sa succession, qui aboutit finalement à un démembrement de l'empire.

Charles II le Chauve (823-877). Roi de Francie occidentale (840-877), empereur d'Occident (875-877).

Dernier fils de Louis 1er le Pieux, il est la cause des troubles qui marquent la fin du règne de son père, qui veut lui faire une place importante dans ses projets de succession. A la mort de celui-ci, Charles II le Chauve s'allie à son frère Louis le Germanique contre leur autre frère Lothaire, qui est devenu empereur, et le battent à Fontenoy-en-Puisaye en 841. Charles et Louis renforcent leur alliance par les serments de Strasbourg en 842 et contraignent Lothaire à faire la paix et à négocier. Finalement, par le traité de Verdun (843), les trois frères se partagent l'empire. Charles II le Chauve reçoit les territoires situés à l'ouest de l'Escaut, de la Meuse, de la Saône et du Rhône et qui constituent la *Francia occidentalis*, qu'il agrandit quelque peu d'une partie de la Lotharingie en 870. Il doit lutter contre les Bretons, qui affirment leur indépendance politique en 846 et contre son neveu Pépin II pour la maîtrise de l'Aquitaine, jusqu'en 864. Tout le règne de Charles II le Chauve est marqué par le début des grandes invasions des Normands, qui pillent Paris en 845, 858 et 861 et qui commencent à s'établir de façon durable dans certaines régions. A la mort de l'empereur Louis II, le pape Jean VIII lui offre la couronne, il se rend à Rome, et est sacré empereur (875). A la mort de son frère Louis le Germanique, en 876, Charles II le Chauve s'empare d'une partie de son royaume, mais il est battu par son neveu Louis le Jeune à Andernach, en 876, et doit se retirer. En 877, répondant à l'appel du pape menacé par les Sarrasins, il confie le royaume à son fils Louis et aux Grands (capitulaire de Quierzy, qui marque un développement de la féodalité), et part pour l'Italie. Mais sa campagne est un échec et Charles II le Chauve meurt sur la route du retour. Son seul fils vivant Louis II le Bègue lui succède sur le trône de France.

Louis II le Bègue (846-879). Roi de France (877-879).

Fils aîné de Charles II le Chauve, il succède à son père en 877, mais a du mal à s'imposer aux Grands du royaume, en raison de sa constitution maladive et de son bégaiement. Il confirme le partage de la Lotharingie fait en 870, par le traité de Fouron avec Louis le Jeune, roi de Germanie, en 878. Louis II le Bègue ne règne que dcux ans et meurt en 879. De son premier mariage avec Ansgarde, il a eu deux fils, Louis III et Carloman, qui lui succèdent conjointement, et de son second mariage avec Adélaïde, il a eu un troisième fils, Charles III le Simple, qui règne beaucoup plus tard.

Louis III (v.863-882). Roi de France (879-882).

Fils aîné de Louis II le Bègue, il lui succède en 879 avec son frère Carloman. Du partage du royaume entre les deux, Louis III obtient la Francie et la Neustrie. Avec son frère, il doit reconnaître la possession de toute la Lotharingie à Louis le Jeune, roi de Germanie. Il remporte une victoire sur les pirates normands à Saucourt-en-Vimeu, en 881. Sa mort sans descendance en 882 laisse son frère Carloman seul roi.

Carloman (867-884). Roi de France (879-884).

Deuxième fils de Louis II le Bègue, il partage d'abord la couronne avec son frère Louis III, et reçoit l'Aquitaine et la Bourgogne, puis règne seul après la mort de celui-ci en 882. Il doit reconnaître Boson comme roi de Provence. Il lutte également contre les Normands. Il meurt prématurément d'un accident de chasse en 884, sans descendance. Le seul héritier du trône est le dernier fils de Louis II le Bègue, Charles, âgé de cinq ans.

Charles le Gros (839-888). Roi de France (885-887).

Empereur d'Occident depuis 881, Charles le Gros est le troisième fils de Louis le Germanique et l'arrière-petit-fils de Charlemagne. En 885, après la mort du roi Carloman, les Grands du royaume de France font appel à lui pour assurer la régence, en raison du jeune âge du dernier fils de Louis II le Bègue, Charles, né en 879. Il doit lutter contre les Normands qui assiègent Paris, mais sa faiblesse et son incompétence entraînent sa déposition par la diète de Tibur en 887.

Charles III le Simple (879-929). Roi de France (893-923).

Fils posthume du roi Louis II le Bègue, il n'est pas sacré roi en 884, à la mort de son frère Carloman, les Grands du royaume lui préférant l'empereur Charles le Gros. Il est encore écarté du trône en 888 au profit du comte de Paris, Eudes, qui s'est distingué lors du siège de Paris par les Normands. Sacré finalement roi en 893, Charles III le Simple doit lutter contre Eudes, avec lequel il finit par conclure un accord, selon lequel Charles lui succèdera à sa mort, ce qui est fait en 898. Charles III le Simple rattache momentanément la Lotharingie à la France, mais doit céder en fief le pays de Caux à Rollon, chef des Normands, en 911 (traité de Saint-Clair-sur-Epte), pour mettre fin à leurs dévastations. Charles III le Simple doit faire face en 922 à une révolte des Grands du royaume, et à l'élection sur le trône de France de Robert, marquis de Neustrie. Malgré la mort de son rival au cours de la bataille de Soissons, Charles III le Simple est fait prisonnier et destitué (923). Il meurt en 929, toujours détenu, à Péronne.

Louis IV d'Outremer (v.920-954). Roi de France (936-954).

Fils de Charles III le Simple et d'Edwige, fille du roi de Wessex, il est emmené par sa mère en Angleterre au moment de la destitution de son père, en 923.

Rappelé en 936 par le duc des Francs, Hugues le Grand, il est sacré roi, mais doit passer une grande partie de son règne à lutter contre lui. En 945, il est retenu prisonnier par les Normands, et n'est libéré par Hugues que contre la cession de la ville de Laon. Louis IV fait appel au roi de Germanie, Otton, qui lui permet de reprendre le dessus et ainsi de forcer Hugues à reconnaître sa souveraineté (950). Ils concluent une paix définitive en 953. Louis IV meurt peu après d'une chute de cheval. Son fils Lothaire lui succède.

Lothaire (941-986). Roi de France (954-986).

Fils aîné de Louis IV d'Outremer, il succède à son père en 954. Son règne marque la montée en puissance du clan des Robertiens, avec Hugues le Grand, à qui il donne la suzeraineté sur l'Aquitaine en 955 puis avec son fils Hugues Capet, qui devient duc des Francs en 960. En 978, Lothaire s'engage dans une guerre contre le roi de Germanie, Otton II, ce qui ne fait que faciliter l'ascension d'Hugues Capet. Il meurt en 986, son fils Louis V lui succède.

Louis V le Fainéant (v.967-987). Roi de France (986-987).

Fils de Lothaire, il lui succède en 986, mais règne sous la tutelle de sa mère, Emma. Il doit lutter contre l'archevêque de Reims, Adalbéron, allié d'Hugues Capet. Il meurt en 987,. des suites d'une chute de cheval, sans héritier. Avec lui, s'éteint la branche française de la dynastie des Carolingiens. C'est Hugues Capet qui lui succède sur le trône de France.

LES ROBERTIENS

Ancêtres des Capétiens, les Robertiens, dont le nom vient de Robert le Fort, marquis de Neustrie au milieu du IXè siècle, ont donné plusieurs rois à la France au cours des IXè et Xè siècles, en alternance avec la dynastie carolingienne.

Cette famille s'affirme progressivement au cours de cette période, profitant de l'affaiblisssement des descendants de Charlemagne. Les deux fils du comte Robert le Fort, Eudes, de 888 à 898, et Robert 1er, de 922 à 923, deviennent rois de France, puis le gendre de ce dernier, Raoul, de 923 à 936.

Après un retour des Carolingiens sur le trône de 936 à 987, l'élection du duc des Francs Hugues Capet, petit-fils du roi Robert 1er, marque la fin de la dynastie carolingienne et l'avènement définitif des Robertiens. Hugues Capet inaugurant une longue dynastie, on donne à celle-ci le nom de Capétiens.

La mort du roi Robert 1er.

LA GENEALOGIE DES ROBERTIENS

(ancêtres de Hugues Capet)

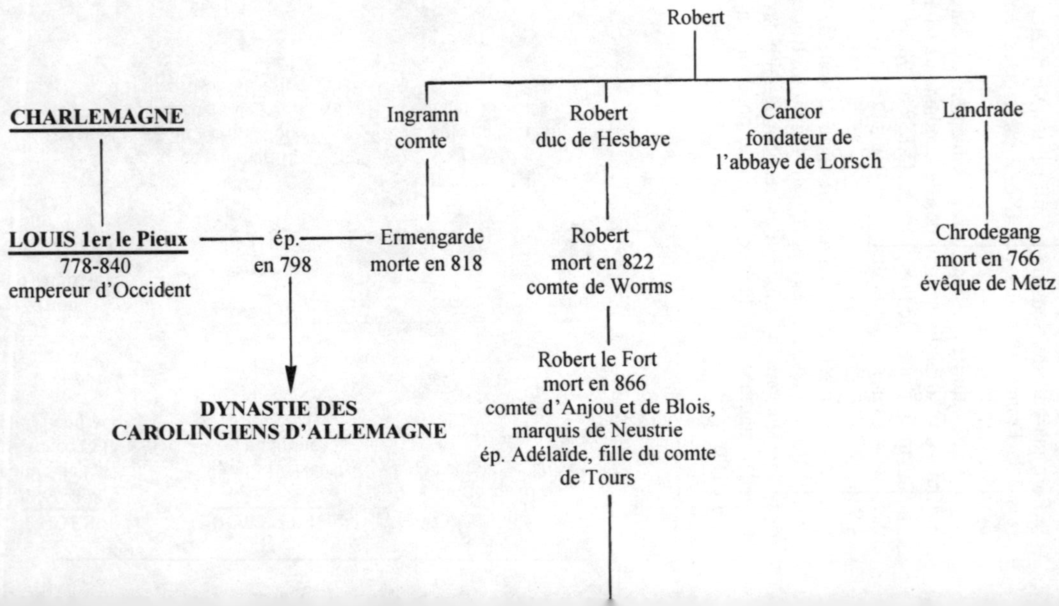

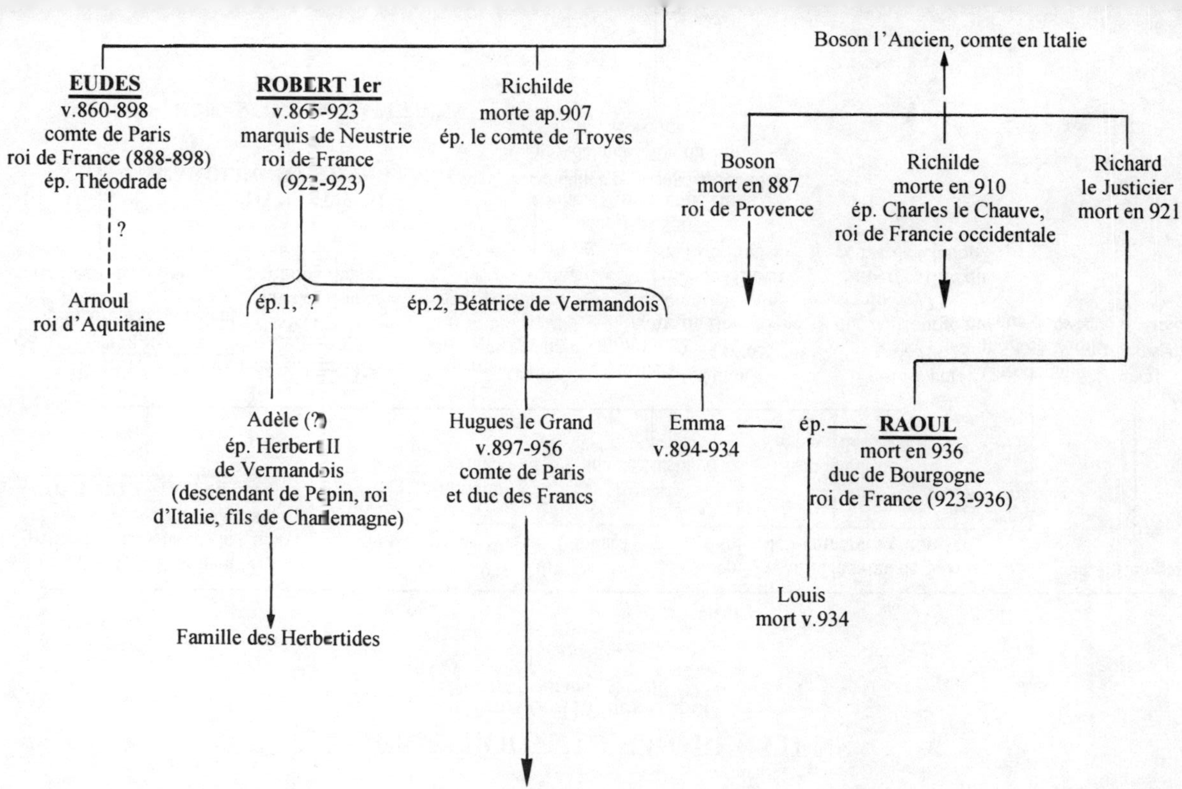
EUDES
v.860-898
comte de Paris
roi de France (888-898)
ép. Théodrade
?
Arnoul
roi d'Aquitaine
ROBERT 1er
v.865-923
marquis de Neustrie
roi de France
(922-923)
ép.1, ?
ép.2, Béatrice de Vermandois
Richilde
morte ap.907
ép. le comte de Troyes
Adèle (?)
ép. Herbert II
de Vermandois
(descendant de Pepin, roi
d'Italie, fils de Charlemagne)
Famille des Herbertides
Hugues le Grand
v.897-956
comte de Paris
et duc des Francs
Emma
v.894-934
ép.
RAOUL
mort en 936
duc de Bourgogne
roi de France (923-936)
Louis
mort v.934
Boson l'Ancien, comte en Italie
Boson
mort en 887
roi de Provence
Richilde
morte en 910
ép. Charles le Chauve,
roi de Francie occidentale
Richard
le Justicier
mort en 921

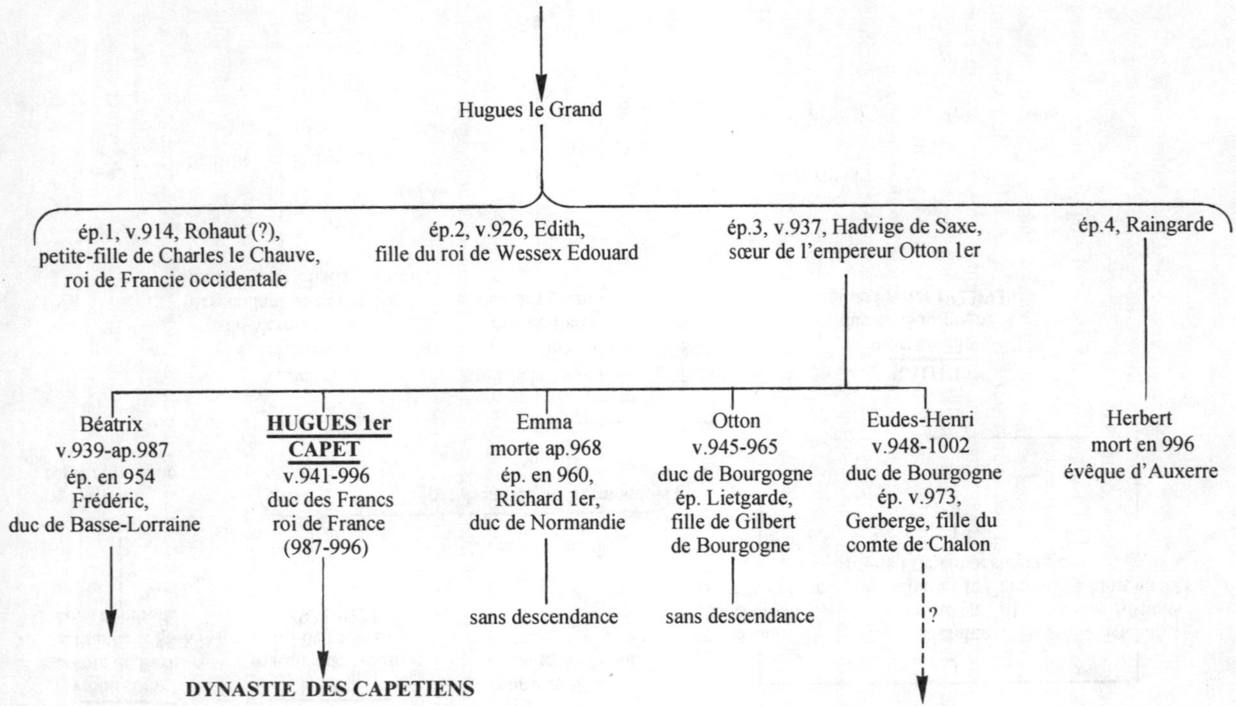
Hugues le Grand
ép.1, v.914, Rohaut (?), petite-fille de Charles le Chauve, roi de Francie occidentale
ép.2, v.926, Edith, fille du roi de Wessex Edouard
ép.3, v.937, Hadvige de Saxe, sœur de l'empereur Otton 1er
ép.4, Raingarde
Béatrix v.939-ap.987 ép. en 954 Frédéric, duc de Basse-Lorraine
HUGUES 1er CAPET v.941-996 duc des Francs roi de France (987-996)
Emma morte ap.968 ép. en 960, Richard 1er, duc de Normandie
Otton v.945-965 duc de Bourgogne ép. Lietgarde, fille de Gilbert de Bourgogne
Eudes-Henri v.948-1002 duc de Bourgogne ép. v.973, Gerberge, fille du comte de Chalon
Herbert mort en 996 évêque d'Auxerre
sans descendance
sans descendance
?
DYNASTIE DES CAPETIENS

Eudes (v.860-898). Roi de France (888-898).

Fils aîné de Robert le Fort, marquis de Neustrie, Eudes porte le titre de comte de Paris vers 882. Il s'illustre dans la défense de la capitale, assiégée par les Normands de 885 à 887, sans réussir toutefois à leur faire lever le siège, le roi Charles le Gros devant finalement acheter leur départ. A la déposition de celui-ci en 887, Eudes est élu, couronné et sacré à Compiègne roi de France (888), au détriment de Charles le Simple, fils de Louis II le Bègue et dernier héritier des Carolingiens. Il est le premier roi non issu de la famille carolingienne depuis Pépin le Bref. Son règne marque le début de la lutte entre Carolingiens et Robertiens pour le trône de France, qui devait durer jusqu'à la fin du Xè siècle. Eudes doit continuer à combattre les Normands, qu'il vainc à Montfaucon-en-Argonne en 888, mais contre lesquels il perd en 891. Il a également à défendre sa couronne contre le carolingien Charles III le Simple, sacré roi en 893. Après trois ans de lutte, les deux rois concluent la paix : Eudes cède à Charles une partie de son royaume et en fait son héritier (897). Il meurt en 898 laissant le trône de France au carolingien.

Robert 1er (v.865-923). Roi de France (922-923).

Deuxième fils de Robert le Fort et frère du roi Eudes, il devient marquis de Neustrie en 888, quand son frère monte sur le trône de France. D'abord fidèle au roi Charles III le Simple, Robert s'illustre dans la lutte contre les Normands, battus en 911. Mais en 920, il se révolte contre le roi, formant une conspiration avec l'aide des Grands du royaume, dont fait partie le duc de Bourgogne, Raoul. En 922, il est élu roi et couronné. Engageant le combat contre Charles III le Simple, Robert 1er est tué lors d'une bataille près de Soissons en 923. Sa mort n'entraîne cependant pas la victoire du carolingien, puisque son gendre Raoul de Bourgogne lui succède et que Charles III le Simple est enfermé.

Raoul (? -936). Roi de France (923-936).

Duc de Bourgogne à la mort de son père Richard en 921, il participe à la révolte de son beau-père Robert, marquis de Neustrie, contre le roi Charles III le Simple en 922. A la mort du roi Robert 1er, en 923, Raoul est élu roi de France, alors que Charles III le Simple est destitué et enfermé. Pendant son règne, Raoul doit lutter contre Rollon puis contre Guillaume Longue-Epée, ducs de Normandie; il doit également combattre de grands vassaux révoltés, comme Herbert de Vermandois. En 935, il reconnaît la perte de la Lorraine, qui retombe dans les possessions germaniques. Il doit enfin repousser les raids des Hongrois dans l'est du royaume. Raoul meurt sans postérité en 936, c'est le carolingien Louis IV d'Outremer qui lui succède.

Mariage de Louis VII et d'Aliénor d'Aquitaine.

LES CAPETIENS DIRECTS

L'élection sur le trône de France de Hugues Capet en 987 marque la naissance d'une longue dynastie qui règne sur la France en succession directe ou indirecte pendant plus de huit siècles, jusqu'en 1848, avec une brève interruption de 1792 à 1814.

La branche des Capétiens directs s'étend de 987 à 1328, avec quinze rois en 341 ans, dont les grandes figures sont Philippe II Auguste (1180-1223), Saint Louis (1226-1270) ou Philippe IV le Bel (1285-1314). L'idée d'une transmission héréditaire de la couronne par ordre de primogéniture mâle s'impose progressivement; ainsi de 987 à 1316, treize rois se succèdent de père en fils, d'Hugues Capet à Jean 1er le Posthume. Tous travaillent dans le même sens et permettent d'enraciner la dynastie : s'imposer aux grands féodaux, agrandir le domaine royal, lutter contre les puissances étrangères sont leurs buts.

Pour la première fois, en 1316, à la mort de Jean 1er le Posthume, se pose le problème de la succession, l'enfant-roi étant mort quelques jours après sa naissance. C'est son oncle, Philippe V le Long qui monte sur le trône; de même, à sa mort en 1322 sans héritier mâle, c'est son frère et dernier fils de Philippe IV le Bel, Charles IV le Bel qui devient roi. C'est l'application du principe de la loi salique qui, même s'il n'est invoqué que plus tard, triomphe, excluant les femmes de toute succession royale.

En 1328, la mort de Charles IV le Bel sans héritier mâle, marque la fin de la dynastie des Capétiens directs et le passage de la couronne à la branche des Valois.

LA GENEALOGIE DES CAPETIENS DIRECTS

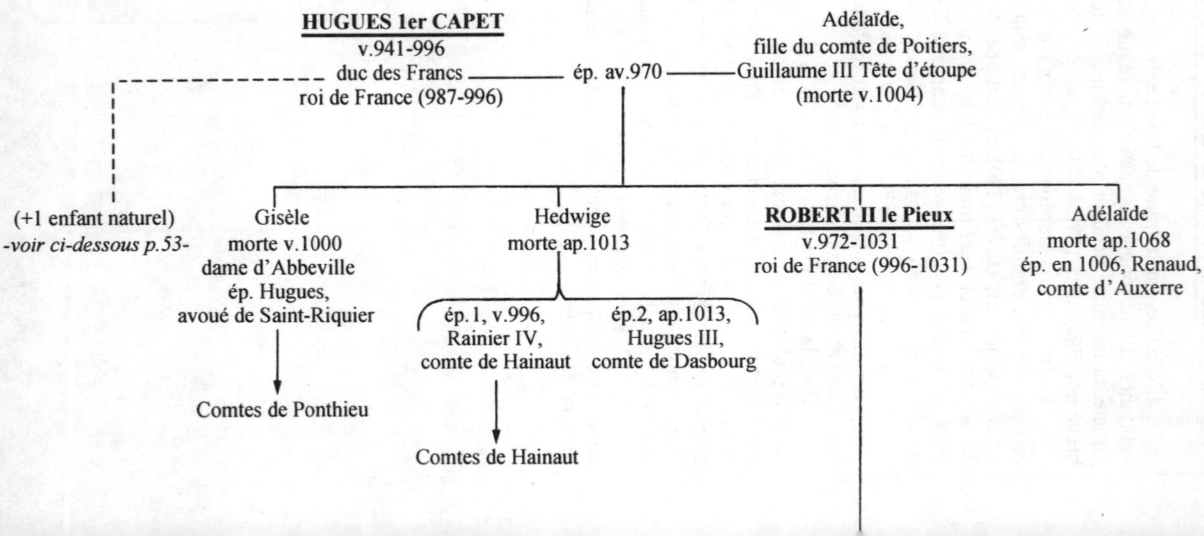

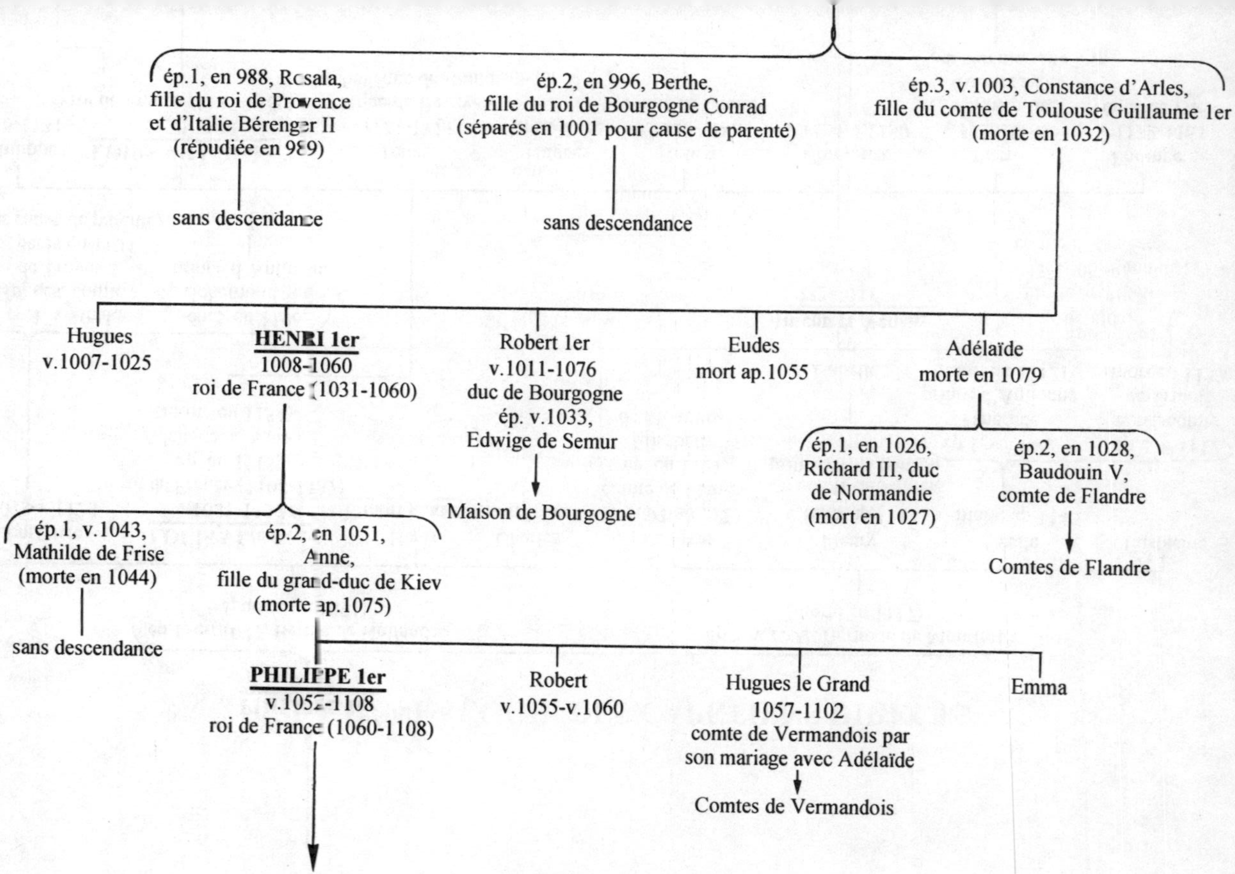
ép.1, en 988, Rosala, fille du roi de Provence et d'Italie Bérenger II (répudiée en 989)
sans descendance
ép.2, en 996, Berthe, fille du roi de Bourgogne Conrad (séparés en 1001 pour cause de parenté)
sans descendance
ép.3, v.1003, Constance d'Arles, fille du comte de Toulouse Guillaume 1er (morte en 1032)
Hugues v.1007-1025
HENRI 1er 1008-1060 roi de France (1031-1060)
Robert 1er v.1011-1076 duc de Bourgogne ép. v.1033, Edwige de Semur
Maison de Bourgogne
Eudes mort ap.1055
Adélaïde morte en 1079
ép.1, en 1026, Richard III, duc de Normandie (mort en 1027)
ép.2, en 1028, Baudouin V, comte de Flandre
Comtes de Flandre
ép.1, v.1043, Mathilde de Frise (morte en 1044)
sans descendance
ép.2, en 1051, Anne, fille du grand-duc de Kiev (morte ap.1075)
PHILIPPE 1er v.1052-1108 roi de France (1060-1108)
Robert v.1055-v.1060
Hugues le Grand 1057-1102 comte de Vermandois par son mariage avec Adélaïde
Comtes de Vermandois
Emma

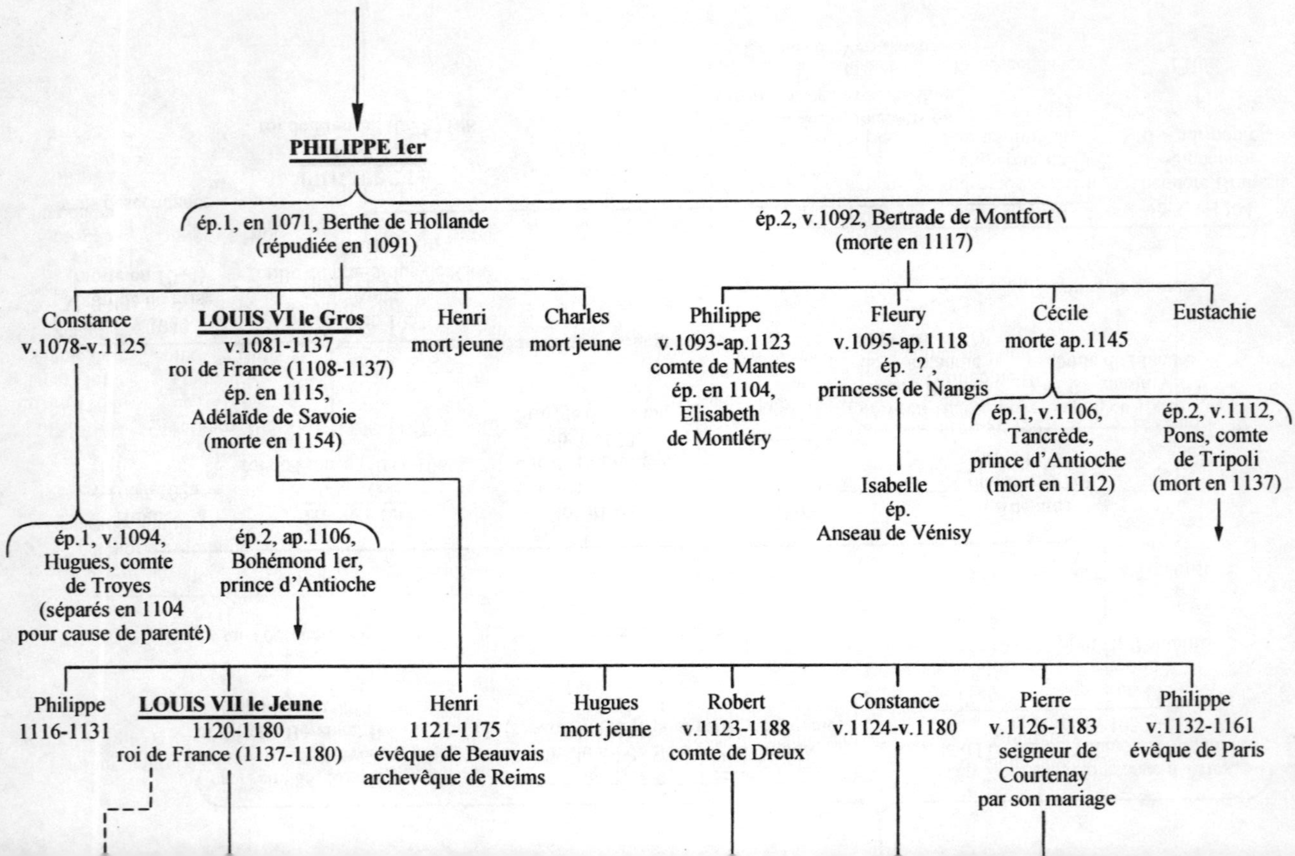
PHILIPPE 1er
ép.1, en 1071, Berthe de Hollande
(répudiée en 1091)
ép.2, v.1092, Bertrade de Montfort
(morte en 1117)
Constance
v.1078-v.1125
LOUIS VI le Gros
v.1081-1137
roi de France (1108-1137)
ép. en 1115,
Adélaïde de Savoie
(morte en 1154)
Henri
mort jeune
Charles
mort jeune
Philippe
v.1093-ap.1123
comte de Mantes
ép. en 1104,
Elisabeth
de Montléry
Fleury
v.1095-ap.1118
ép. ? ,
princesse de Nangis
Cécile
morte ap.1145
Eustachie
ép.1, v.1106,
Tancrède,
prince d'Antioche
(mort en 1112)
ép.2, v.1112,
Pons, comte
de Tripoli
(mort en 1137)
Isabelle
ép.
Anseau de Vénisy
ép.1, v.1094,
Hugues, comte
de Troyes
(séparés en 1104
pour cause de parenté)
ép.2, ap.1106,
Bohémond 1er,
prince d'Antioche
Philippe
1116-1131
LOUIS VII le Jeune
1120-1180
roi de France (1137-1180)
Henri
1121-1175
évêque de Beauvais
archevêque de Reims
Hugues
mort jeune
Robert
v.1123-1188
comte de Dreux
Constance
v.1124-v.1180
Pierre
v.1126-1183
seigneur de
Courtenay
par son mariage
Philippe
v.1132-1161
évêque de Paris

(+ 1 enfant naturel)
-voir ci-dessous p.53-

ép.1, av.1145,
Hedwige d'Evreux
(morte en 1152)

Alix

ép.2, en 1152,
Agnès de Baudement
(morte ap.1202)

Comtes de Dreux

Seigneurs de
Courtenay

ép.1, en 1140,
Eustache de Blois
(mort en 1153)

ép.2, en 1154
Raymond V,
comte de Toulouse

Comtes de Toulouse

ép.1, en 1137,
Aliénor d'Aquitaine
(mariage annulé en 1152)

Marie
1145-1198
ép. en 1164,
Henri 1er,
comte de
Champagne

Comtes de
Champagne

Alix
1150-ap.1195
ép. v.1164
Thibaud V,
comte de Blois

Comtes de Blois

ép.2, en 1154,
Constance de Castille
(morte en 1160)

Marguerite
1153-1197

ép.1, en 1171,
Henri d'Angleterre
(mort en 1183)

sans descendance

ép.2, en 1186,
Béla III,
roi de Hongrie
(mort en 1196)

Adélaïde
morte jeune

ép.3, en 1160,
Adèle de Champagne
(morte en 1206)

<u>PHILIPPE II Auguste</u>
1165-1223
roi de France (1180-1223)

Alix
v.1170-av.1225
ép. en 1195,
Guillaume III,
comte de Ponthieu

Comtes de Ponthieu

Agnès
v.1171-ap.1240

ép.1, en 1180,
Alexis II Comnène,
empereur de
Constantinople
(mort en 1183)

sans descendance

ép.2, en 1183,
Andronic Comnène,
empereur de
Constantinople
(mort en 1185)

sans descendance

ép.3, v.1204
Théodore Branas,
seigneur
d'Andrinople

1 fille

PHILIPPE II Auguste

- ép.1, en 1180, Isabelle de Hainaut, fille du comte de Flandre (morte en 1190)
  - **LOUIS VIII le Lion**
    1187-1226
    roi de France (1223-1226)
    ép. en 1200, Blanche de Castille, fille du roi Alphonse VIII (morte en 1252)
  - 2 fils jumeaux morts nés en 1190
- ép.2, en 1193, Ingeburge, fille du roi du Danemark (répudiée en 1193)
  - sans descendance
- ép.3, en 1196, Agnès de Méranie, fille du duc Berthold (morte en 1201)
  - Marie
    1198-1238 (?)
    - ép.1, en 1206, Philippe, comte de Namur (mort en 1212)
    - ép.2, en 1213, Henri, duc de Brabant (mort en 1235)
  - Philippe Hurepel
    1200-1234
    comte de Clermont et de Boulogne
    ép. en 1216, Mahaud de Dammartin (morte en 1261)
    - Aubry comte de Dammartin
    - Jeanne
      morte en 1252
      comtesse de Boulogne
      ép. v.1236, Gaucher de Châtillon
      - sans descendance
  - Tristan
    1201
- (+ 1 enfant naturel) *-voir ci-dessous p.53-*

- 1 fille 1205
- Philippe 1209-1218
- 2 jumeaux morts nés en 1213
- **LOUIS IX (SAINT LOUIS)** 214-1270 roi de France (1226-1270) ép. en 1234, Marguerite de Provence, fille de Raymond-Bérenger V (morte en 1295)
  - Blanche 1240-1243
  - Isabelle 1242-1271 ép. en 1258, Thibaud II, roi de Navarre (mort en 1270) → sans descendance
  - Louis 1244-1260
  - **PHILIPPE III le Hardi** →
  - Jean mort en 1248
  - Jean-Tristan 1250-1270 comte de Valois ép. en 1266, Yolande de Bourgogne (morte en 1280) → sans descendance
  - Pierre →
  - Blanche 1253-1320 ép. en 1269, Ferdinand de la Cerda, fils du roi de de Castille Alphonse X (mort en 1275) →
  - Marguerite 1254-1271 ép. v.1270, Jean 1er, duc de Brabant (mort en 1294)
  - Robert →
  - Agnès 1260-1327 ép. en 1279, Robert II, duc de Bourgogne (mort en 1305) → Ducs de Bourgogne
- Robert 1er 1216-1250 comte d'Artois ép. en 1237, Mahaud de Brabant → Comtes d'Artois
- Jean 1219-1228
- Alphonse 1220-1271 comte de Poitiers et de Toulouse ép. en 1241, Jeanne, fille du comte de Toulouse Raymond VII (morte en 1271) → sans descendance
- Philippe-Dagobert 1221-1232
- Isabelle 1225-1270 abbesse de Longchamp
- Etienne mort en 1225
- Charles 1er 1227-1285 comte de Maine et d'anjou, comte de Provence roi de Sicile roi de Naples roi de Jérusalem
  - ép.1, en 1246, Béatrice de Provence, fille de Raymond-Bérenger V (morte en 1267) → Comtes d'Anjou
  - ép.2, v.1268, Marguerite de Bourgogne, comtesse de Tonnerre → sans descendance

PHILIPPE III le Hardi
1245-1285
roi de France (1270-1285)

ép.1, en 1262, Isabelle,
fille du roi d'Aragon Jacques 1er
(morte en 1271)

ép.2, en 1274, Marie de Brabant,
fille du duc Henri III
(morte en 1321)

Pierre
1251-1284
comte d'Alençon et du Perche,
comte de Blois et de Chartres
par son mariage avec Jeanne de
Châtillon en 1272
(morte en 1291)

Louis
mort en 1272

Philippe
mort en 1273

Robert
1256-1317
comte de Clermont
et duc de Bourbon
ép. en 1279
Béatrice de Bourgogne
(morte en 1310)

Ducs de Bourbon

Louis
v.1264-1276

PHILIPPE IV le Bel
1268-1314
roi de France (1285-1314)
ép. en 1284,
Jeanne de Navarre-Champagne,
fille du roi Henri 1er
(morte en 1305)

Robert
1269

Charles
1270-1325
comte de Valois

Louis
1276-1319
comte d'Evreux
ép. en 1300,
Marguerite d'Artois
(morte en 1311)

Marguerite
1282-1318
ép. en 1299,
Edouard 1er,
roi d'Angleterre
(mort en 1307)

Blanche
v.1284-1305
ép. en 1300,
Rodolphe III,
duc d'Autriche,
roi de Bohême
(mort en 1307)

DYNASTIE
DES VALOIS

Comtes d'Evreux
et rois de Navarre

sans descendance

Marguerite
morte jeune

LOUIS X le Hutin
1289-1316
roi de France (1314-1316)

(+ 1 enfant naturel)
-voir ci-dessous p.53-

Blanche
morte jeune

Isabelle
v.1292-1358
ép. en 1308,
Edouard II,
roi d'Angleterre
(mort en 1327)

PHILIPPE V le Long
v.1293-1322
roi de France (1316-1322)

CHARLES IV le Bel
1294-1328
roi de France (1322-1328)

Robert
v.1297-1308

ép.1, en 1305,
Marguerite de Bourgogne,
fille du duc Robert II
(morte en 1315)

ép.2, en1315,
Clémence de Hongrie,
fille du roi Charles Martel
(morte en 1328)

Edouard III
1312-1377
roi d'Angleterre

Jeanne II
1311-1349
reine de Navarre
ép. en 1329, Philippe III,
comte d'Evreux et roi de Navarre

JEAN 1er le Posthume
1316
roi de France (1316)

Comtes d'Evreux et rois de Navarre

<u>PHILIPPE V le Long</u>
ép. en 1307, Jeanne de Bourgogne, fille du comte Othon IV
(morte en 1329)

- Jeanne 1308-1347, ép. en 1318, Eudes IV, duc de Bourgogne (mort v.1350)
- Marguerite 1310-1382, ép. en 1320, Louis II, comte de Flandre (mort v.1345)
- Isabelle 1312-1348
  - ép.1, én 1323, Guigues VIII, dauphin de Viennois (mort en 1333)
  - ép.2, en1339, Jean, baron de Faucogney
- Philippe 1313
- Blanche v.1313-1358 religieuse à Longchamps
- Louis 1315-1316
- 1 fille 1322

<u>CHARLES IV le Bel</u>

- ép.1, en 1308, Blanche de Bourgogne, fille du comte Othon IV (répudiée en 1322)
  - Philippe 1313-mort jeune
  - Jeanne 1321-morte jeune
- ép.2, en1322, Marie de Luxembourg, fille de l'empereur Henri VII (morte en 1324)
  - 1 fille 1323- ?
  - 1 fils Louis ? 1324-mort jeune
- ép.3, en1325, Jeanne d'Evreux, fille du comte Louis (morte en 1371)
  - Jeanne 1326-1327
  - Marie morte jeune
  - Blanche 1328-1392, ép. en 1344, Philippe, duc d'Orléans (mort en 1375)
    - sans descendance

FIN DE LA DYNASTIE DES CAPETIENS DIRECTS

LA DESCENDANCE ILLEGITIME DES CAPETIENS DIRECTS

HUGUES 1er CAPET
v.941-996

Gauzlin
mort v.1030
abbé de Fleury

LOUIS VII le Jeune
1120-1180

Philippe
mort en 1161
abbé de Saint-Martin de Tours

PHILIPPE II Auguste
1165-1223
d'une inconnue, bourgeoise d'Arras

Pierre Charlot
v.1205-1249
évêque de Noyon

LOUIS X le Hutin
1289-1316

Eudeline
religieuse

Philippe-Auguste.

Hugues 1er Capet (v.941-996). Roi de France (987-996).

Petit-fils du roi Robert 1er et fils d'Hugues le Grand, Hugues Capet devient, après son père, duc des Francs en 960. L'ascension de sa famille, les Robertiens, est quelque peu ralentie par le redressement de la dynastie carolingienne, sous les rois Lothaire et Louis V le Fainéant. Avant 970, Hugues épouse Adélaïde, la fille du comte de Poitiers, Guillaume Tête d'Etoupe. A la mort du roi Louis V, sans héritier, en 987, Hugues 1er Capet est élu roi de France par l'assemblée des Grands, grâce à l'appui de l'Eglise. et en particulier d'Adalbéron, archevêque de Reims, au détriment de Charles, duc de Basse-Lorraine, frère du roi Lothaire et héritier de la dynastie carolingienne. Hugues Capet, en faisant sacrer son fils Robert, dès 987, assure la continuité dynastique de sa famille, c'est le début du règne des Capétiens. Il ne possède cependant qu'un tout petit territoire en Ile-de-France et il doit lutter pour s'imposer contre de grands féodaux et surtout contre Charles de Lorraine, son rival carolingien, proclamé roi par ses partisans. Celui-ci lui est finalement livré, et est emprisonné en 991. Sous le règne d'Hugues Capet, pour faire face aux dévastations causées par les guerres féodales, plusieurs conciles d'évêques décrètent la paix de Dieu. A sa mort, en 996, son fils Robert II le Pieux lui succède.

Robert II le Pieux (v.972-1031). Roi de France (996-1031).

Fils d'Hugues Capet, Robert est sacré et associé au trône dès 987. Il succède à son père en 996. Le début de son règne est marqué par un grave conflit avec la papauté. Ayant épousé en 988 Rosala de Provence, Robert II le Pieux la répudie l'année suivante, pour se remarier en 996 avec Berthe de Bourgogne. Le pape Grégoire V l'excommunie alors pour cause de parenté, et le roi, malgré une forte résistance pendant quatre années, doit se soumettre : il se sépare de Berthe de Bourgogne en 1001, et se remarie avec Constance d'Arles vers 1003, sa première femme étant devenue religieuse. Pendant son règne, Robert le Pieux doit lutter, comme son père, contre les féodaux, et il mène un combat de 1002 à 1016 pour faire valoir ses droits sur le duché de Bourgogne, après la mort du duc. Il réunit également à la couronne les comtés de Paris et de Melun. Les assemblées prônant la paix de Dieu se multiplient, mais sans grand résultat. En 1017, le roi Robert associe au trône son fils aîné, Hugues, puis après sa mort en 1025, son deuxième fils, Henri, sacré en 1027. La fin du règne de Robert II le Pieux est marqué par une révolte de ses deux fils contre lui. Il meurt en 1031 et son fils Henri 1er lui succède.

Henri 1er (1008-1060). Roi de France (1031-1060).

Deuxième fils de Robert II le Pieux et de Constance d'Arles, Henri est associé au trône par son père en 1027 et lui succède en 1031. Il doit faire face à l'hostilité de son frère Robert, qui lui dispute la couronne, soutenu par sa mère et par les grands vassaux. Henri 1er en sort vainqueur, mais doit céder à Robert le duché de Bourgogne. Son règne se passe à batailler contre les féodaux. Après avoir d'abord soutenu le duc de Normandie, Guillaume le Bâtard, il s'engage dans une lutte contre lui et subit deux défaites, à

Mortemer (1054) et à Varaville (1058). C'est également sous Henri 1er qu'est instituée, au concile de Provence en 1041, la trêve de Dieu, destinée dans l'esprit de l'Eglise, à limiter les guerres féodales, parallèlement à la paix de Dieu. Henri 1er a épousé en deuxièmes noces, en 1051, Anne de Kiev, développant ainsi des relations avec la Russie. En 1059, il associe son fils aîné Philippe au trône, et meurt l'année suivante.

Philippe 1er (v.1052-1108). Roi de France (1060-1108).

Fils aîné d'Henri 1er et d'Anne de Kiev, Philippe est associé au trône en 1059 et devient roi en 1060, à l'âge de huit ans, sous la régence de son oncle Baudouin V, comte de Flandre. Pendant son règne, il intervient dans les luttes entre grands féodaux. Pour la succession de Flandre, après la mort du comte, Philippe 1er monte une expédition, mais il est battu à Cassel en 1071 par Robert le Frison. En 1087, il soutient Robert Courteheuse contre son père Guillaume le Conquérant, duc de Normandie et roi d'Angleterre, mais en vain. Il agrandit le domaine royal, avec les acquisitions du Gâtinais, du Vexin, de Corbie et de Bourges et sous son règne, l'autorité monarchique commence à se faire sentir. Philippe 1er épouse en 1071 Berthe de Hollande, mais la répudie en 1091 pour épouser Bertrade de Montfort, femme de Foulques d'Anjou, qu'il avait enlevée, ce qui lui vaut l'excommunication du pape Urbain II (1094), puis l'interdit jeté sur le royaume (1100). Mais, insoucieux des excommunications, il continue sa vie consacrée davantage aux plaisirs qu'à ses fonctions; il finit cependant par se soumettre au pape en 1105. Du fait de ses démélés avec la papauté, Philippe 1er n'a pas pris part à la première croisade (1096-1099), organisée pour reconquérir les Lieux saints. Il meurt en 1108, en ayant préparé sa succession par le couronnement de son fils Louis en 1100.

Louis VI le Gros (v.1081-1137). Roi de France (1108-1137).

Fils aîné de Philippe 1er et de Berthe de Hollande, associé au trône par son père en 1100, Louis VI le Gros lui succède en 1108. Son règne constitue une étape décisive dans l'affermissement de la monarchie capétienne, en particulier dans ses relations avec les grands vassaux. Louis VI s'attache tout d'abord à fortifier son autorité dans le domaine royal, en luttant contre les seigneurs pillards qui infestent l'Ile-de-France de leurs brigandages. Dans cette lutte, il trouve l'appui de l'Eglise —l'abbé Suger est son conseiller— et du peuple. C'est le premier capétien à commencer à intervenir à l'extérieur de son domaine dans les affaires de certains fiefs, notamment en Bourbonnais (1109), en Auvergne (1122, 1126) et en Flandre (1128). Mais sa plus longue lutte a été contre le plus redoutable de ses vassaux, Henri 1er Beauclerc, duc de Normandie et roi d'Angleterre : il lui livre trois guerres entre 1109 et 1124 mais sans véritable succès (défaite à Brémule en 1119); l'intervention de l'empereur Henri V en 1123 permet à Louis VI de convoquer ses vassaux et de repousser le danger, ce qui accroît son prestige. Son règne est également marqué par un mouvement d'émancipation des communes de la tutelle seigneuriale, que le roi encourage quand il y trouve un intérêt. En 1129, pour préparer sa succession, il fait couronner son fils aîné, Philippe, puis à sa mort, en 1131, son deuxième fils, Louis. Le règne de Louis VI se termine par le mariage de ce fils héritier Louis avec Aliénor d'Aquitaine (1137), ce qui permet au domaine royal de s'étendre jusqu'aux Pyrénées.

Louis VII le Jeune (1120-1180). Roi de France (1137-1180).

Deuxième fils du roi Louis VI le Gros, sacré dès 1131, Louis VII succède à son père en 1137. Quelques jours avant la mort de celui-ci, il épouse Aliénor d'Aquitaine, qui lui apporte en dot tout le sud-ouest de la France. Dès le début de son règne, Louis VII le Jeune est confronté à une grave crise avec la papauté et avec Thibaud IV de Champagne, à propos de la nomination de l'archevêque de Bourges (1142-1144). Finalement, le roi de France doit se soumettre par le traité de Vitry. Pour expier ses fautes, Louis VII annonce son intention de prendre la croix : il participe avec l'empereur Conrad III à la seconde croisade en Terre sainte, prêchée par Bernard de Clairvaux, laissant le royaume sous la régence de son ministre Suger, pendant deux ans (1147-1149). Mais la croisade est un échec total, Louis VII y perd son armée et l'épisode montre aussi un début de mésentente entre les époux royaux. Après la mort de Suger en 1151, le roi fait finalement annuler son mariage avec Aliénor d'Aquitaine, qui ne lui a pas donné d'héritier, par le concile de Beaugency (1152). La reine se remarie aussitôt avec Henri II Plantagenêt, comte d'Anjou et duc de Normandie, et futur roi d'Angleterre (1154). Cette union représente une grave menace pour Louis VII puisqu'Henri est alors maître de près de la moitié occidentale de la France et se trouve donc plus puissant que lui. C'est le début d'une longue lutte entre Capétiens et Plantagenêts, qui dure trois siècles. Contre le roi d'Angleterre, Louis VII soutient ses ennemis, d'abord l'archevêque de Cantorbéry, Thomas Becket (1164-1170), puis ses fils révoltés (1173-1174) mais le roi de France ne parvient pas à ébranler la puissance de son adversaire. Le traité de Gisors en 1180 marque la fin de cette série de guerres entre la France et l'Angleterre. Le règne de Louis VII se traduit également par la poursuite de l'affirmation de l'autorité royale sur les provinces; c'est en particulier le premier roi à publier des ordonnances, comme celle de 1155, décidant une paix de dix ans dans le royaume. Louis VII n'a eu un fils héritier qu'à son troisième mariage avec Adèle de Champagne et après 28 ans de règne, il s'agit de Philippe Auguste né en 1165 et sacré en 1179.

Philippe II Auguste (1165-1223). Roi de France (1180-1223).

Seul fils des sept enfants que le roi Louis VII eut de ses trois épouses, Philippe représente l'héritier longtemps attendu pour assurer la continuité dynastique, et il n'a que quinze ans à la mort de son père en 1180. Dès le début de son règne, Philippe II Auguste doit faire face à une coalition des grands féodaux de Flandre, Champagne et Bourgogne, qu'il réussit à vaincre, et par le traité de Boves (1185), il met la main sur l'Artois, le Vermandois et Amiens. Il reprend ensuite la lutte contre Henri II d'Angleterre en soutenant contre lui son fils révolté Richard Cœur de Lion (1187-1189). Parti avec ce dernier pour la troisième croisade en 1190, Philippe Auguste se hâte de revenir seul (fin 1191), et profitant de ce que Richard avait été arrêté à son retour par le duc d'Autriche et livré à l'empereur Henri VI (1194), il envahit la Normandie; mais il est vaincu à Fréteval (1194) puis à Courcelles (1198). Après la mort de Richard Cœur de Lion en 1199, Philippe Auguste continue la lutte contre le nouveau roi d'Angleterre, Jean sans Terre. Prenant pretexte d'un conflit féodal, il prononce la confiscation des fiefs français de ce dernier et envahit la Normandie en 1202. Entre 1204 et 1208, Philippe Auguste s'empare de la Normandie, de la Touraine, de l'Anjou et du Poitou. Jean sans Terre met alors sur pied une coalition avec le comte de Flandre, le comte de Boulogne et l'empereur Otton de Brunswick, que Philippe Auguste réussit à défaire à Bouvines en 1214. Malgré une tentative du roi de France de porter la guerre en Angleterre, le conflit se termine provisoirement en 1217. Grâce à ses acquisitions territoriales importantes sur l'Angleterre, auxquelles il faut rajouter celles du début du règne, Philippe Auguste a accru considérablement le domaine royal. Son règne est également marqué par un renforcement du contrôle du royaume par la nomination des baillis ou sénéchaux. La croisade contre les Cathares, prônée par le pape et engagée par Simon de Montfort en 1209, permet d'autre part à la royauté de prendre pied dans le Midi de la France. Le roi a eu à faire face à un grave conflit avec la papauté : après la mort de sa première femme, Isabelle de Hainaut, en 1190, il épouse Ingeburge de Danemark en 1193, mais la répudie aussitôt et se remarie en 1196 avec Agnès de Méranie, ce qui lui vaut la condamnation du pape Innocent III et l'interdit jeté sur le royaume (1199). Après la mort d'Agnès de Méranie en 1201, Philippe Auguste consent à rappeler la reine Ingeburge en 1213. Sous son règne, enfin, Paris devient la capitale du royaume, le roi la dote d'une enceinte et fait édifier le premier Louvre. Philippe II Auguste a pour successeur son fils aîné Louis VIII.

Louis VIII le Lion (1187-1226). Roi de France (1223-1226).

Fils aîné de Philippe II Auguste, le prince Louis participe, dès le règne de son père, aux combats contre les Anglais (1214-1217). Il lui succède en 1223 et continue la conquête des possessions anglaises en France (Poitou, Saintonge). Louis VIII reprend ensuite la croisade contre les Cathares et soumet le Languedoc (1226), mais, malade, il meurt sur la route du retour. En 1225, il a constitué pour ses fils des apanages : l'Artois à Robert, le Poitou à Alphonse et l'Anjou et le Maine à Jean (puis à Charles). Son fils aîné Louis, qu'il avait eu de Blanche de Castille, lui succède.

Louis IX ou Saint Louis (1214-1270). Roi de France (1226-1270).

Fils et successeur de Louis VIII le Lion, Louis IX monte sur le trône de France à l'âge de douze ans. Il règne d'abord sous la tutelle de sa mère, Blanche de Castille. Celle-ci doit faire face à une coalition de grands vassaux, menée par Pierre Mauclerc, comte de Bretagne, dont elle réussit à venir à bout en 1234, après plusieurs campagnes, Louis IX lui-même triomphant d'une révolte de seigneurs soutenus par le roi d'Angleterre Henri

III en 1230. Par le traité de Meaux (1229), la régente met fin à la guerre contre les Albigeois et prépare la réunion à la couronne du comté de Toulouse (mariage de son autre fils Alphonse avec l'héritière du comté de Toulouse en 1241). La majorité de Louis IX est proclamée en 1234, mais le roi laisse sa mère continuer à gérer les affaires, elle le marie cette même année à Marguerite de Provence. Une nouvelle révolte d'un grand vassal, Hugues de Lusignan en 1241, rouvre les hostilités entre la France et l'Angleterre : Henri III débarque sur le continent en 1242, mais il est battu par Louis IX à Taillebourg et à Saintes. Une trêve est conclue l'année suivante pour cinq ans. Mais avant tout, le roi de France recherche une paix durable et équitable avec l'Angleterre; il signe ainsi le traité de Paris en 1258 avec Henri III, marqué par des concessions territoriales réciproques (le roi d'Angleterre renonce aux terres perdues depuis Philippe Auguste et le roi de France lui cède le Limousin, le Quercy et le Périgord). Dans le même esprit, il signe avec Jacques 1er d'Aragon, le traité de Corbeil la même année. Dans le domaine intérieur, le règne de Louis IX est marqué par un souci de faire régner l'ordre et la justice (interdiction des guerres privées et du duel judiciaire, envoi d'enquêteurs royaux pour surveiller les baillis, nombreuses ordonnances de réformation du royaume, naissance d'un parlement, réforme monétaire). La France connaît alors en Europe un grand rayonnement moral, intellectuel et artistique. Toutes ces mesures traduisent un renforcement du pouvoir royal, qui se veut au service de tous, et dans la mesure où il est souvent la seule sauvegarde efficace du peuple contre les violences du régime féodal. Souverain d'une foi ardente, Louis IX, à la suite d'une grave maladie, fait la promesse de se croiser. Il participe aux deux dernières croisades en Terre sainte. Au cours de la première, il s'absente du royaume pendant six ans, de 1248 à 1254, laissant le gouvernement à sa mère puis à ses frères; mais c'est un échec, il est même retenu prisonnier en Egypte en 1250, puis il passe plusieurs années en Syrie à fortifier les places franques. Au cours de la deuxième, en 1270, Louis IX ne mène pas l'expédition très loin puisqu'il meurt d'une épidémie de peste devant Tunis. Il est canonisé dès 1297. Son fils Philippe III le Hardi lui succède, son fils aîné Louis étant mort en 1260.

Philippe III le Hardi (1245-1285). Roi de France (1270-1285).

Deuxième fils de Louis IX, il lui succède en 1270 et est proclamé roi à Tunis, où il avait accompagné son père pour la croisade. Dès 1271, à la mort de son oncle Alphonse de Poitiers, Philippe III réunit à la couronne le Poitou et le comté de Toulouse. Il hérite également de son frère Pierre, du Perche et du comté d'Alençon, en 1284. Par contre, il cède au pape le Comtat Venaissin en 1274. Marié en premières noces à Isabelle d'Aragon, dont il a eu quatre fils, dont le futur Philippe le Bel, puis devenu veuf, le roi se remarie en 1274 avec Marie de Brabant. Avec l'Angleterre et son nouveau roi Edouard 1er, Philippe III le Hardi continue la politique de paix de son père et signe le traité d'Amiens en 1279, confirmation du traité de Paris de 1258. A la suite des « Vêpres siciliennes » (1282), au cours de laquelle les Français sont chassés de Sicile par le roi d'Aragon Pierre III, le pape Martin IV, après avoir excommunié celui-ci, attribue son royaume à

Charles de Valois, fils du roi de France. Philippe III organise alors une expédition pour conquérir l'Aragon, mais elle tourne rapidement mal, la flotte française est détruite et le roi de France meurt d'une épidémie, en 1285, à Perpignan où il fait retraite avec son armée. Son deuxième fils Philippe IV le Bel lui succède.

Philippe IV le Bel (1268-1314). Roi de France (1285-1314).

Deuxième fils de Philippe III le Hardi et d'Isabelle d'Aragon, Philippe IV le Bel monte sur le trône en 1285, à la mort de son père. Marié en 1284 à Jeanne de Navarre-Champagne, il réunit ses deux provinces au domaine royal. Philippe le Bel commence par mettre fin à la croisade d'Aragon par le traité de Tarascon (1291). Il se tourne ensuite contre la Flandre et l'Angleterre. En 1294, il prononce la confiscation des fiefs français d'Edouard 1er; la guerre se déroule en Guyenne, que l'armée du roi de France conquiert en 1296 et elle se termine par le traité de Montreuil en 1299, prévoyant notamment le mariage de la sœur de Philippe le Bel avec Edouard 1er et celui de la fille du roi de France avec l'héritier du trône d'Angleterre. Par le traité de Paris de 1303, Philippe le Bel rend à Edouard 1er les territoires conquis entre 1294 et 1297. Mais l'alliance entre l'Angleterre et la Flandre a déplacé les combats dans le nord de la France; après leur victoire à Furnes en 1297, les Français occupent la Flandre en 1300, mais une révolte les chasse de Bruges et Philippe le Bel est battu à Courtrai en 1302. Le roi de France prend sa revanche sur les Flamands à Mons-en-Pévèle en 1304. La paix d'Athis l'année suivante lui permet d'annexer la Flandre. Il a également pris possession pendant son règne du Barrois et de Lyon. Pour financer ses guerres, et face à une situation financière difficile, Philippe le Bel doit procéder à plusieurs dévaluations, entre 1290 et 1309. Pour trouver des subsides, il confisque les biens des Lombards et des Juifs en 1292, un premier impôt indirect est perçu, mais surtout la volonté du roi de prélever des taxes exceptionnelles sur le clergé entraîne un grave conflit avec la papauté à partir de 1296. Lorsqu'en 1301, Philippe le Bel fait arrêter l'évêque de Pamiers et légat du pape, Bernard Saisset, coupable de trahison, Boniface VIII convoque à Rome un concile de l'Eglise de France, le roi lui oppose une réunion des trois ordres du royaume (avril 1302), première esquisse des futurs Etats généraux, qui lui apportent leur soutien. Dans la bulle *Unam sanctam*, le pape reprend la théorie de sa supériorité sur les rois (1302). La lutte se termine par l'attentat d'Anagni en 1303, fait pour intimider le pape, mais qui entraîne sa mort. La réconciliation n'intervient qu'avec le pape français Clément V, élu en 1305 et qui transfère le siège de la papauté à Avignon en 1309. Les difficultés financières entraînent Philippe le Bel dans une lutte contre l'ordre du Temple, qui est supprimé et dont les membres sont arrêtés, jugés et suppliciés, dont le grand maître, Jacques de Molay (1307-1314). Dans le domaine intérieur, le roi mène une politique d'affermissement des prérogatives royales, aidé par ses légistes (Pierre Flote, Enguerran de Marigny, Guillaume de Nogaret), et qui se traduit par la réunion fréquente des trois ordres pour approuver sa politique. Les derniers mois du règne de Philippe le Bel sont marqués par le scandale des femmes de ses fils, condamnées pour adultère, et par une révolte nobiliaire face au prélèvement de taxes nouvelles. Il meurt en 1314, son fils aîné Louis X le Hutin lui succède.

Louis X le Hutin (1289-1316). Roi de France (1314-1316).

Fils aîné de Philippe IV le Bel, devenu roi de Navarre à la mort de sa mère en 1305, Louis X le Hutin succède à son père en 1314. Son court règne – un an et demi – est marqué par une réaction féodale très vive contre la politique de son père et contre les conseillers qui l'avaient servi. Marié en 1305 à Marguerite de Bourgogne, Louis X la répudie en 1314 pour inconduite, la fait enfermer puis étrangler en 1315. La mort précoce du roi, laissant sa deuxième femme Clémence de Hongrie enceinte, pose pour la première fois depuis Hugues Capet le problème de la succession royale. En attendant la naissance, c'est le frère du roi défunt, Philippe, qui assure la régence.

Jean 1er le Posthume (1316). Roi de France (1316).

Fils posthume du roi Louis X le Hutin, mort en laissant sa femme Clémence de Hongrie enceinte, Jean 1er est l'héritier tant attendu mais il ne vit que quelques jours, peut-être assassiné à l'instigation de son oncle Philippe. Pour la première fois depuis 987 et l'avènement de la dynastie capétienne, il n'y a pas de descendance mâle directe. La couronne passe donc au deuxième fils de Philippe le Bel, Philippe V le Long.

Philippe V le Long (v.1293-1322). Roi de France (1316-1322).

Deuxième fils de Philippe le Bel, il est proclamé régent à la mort de son frère Louis X le Hutin en 1316, qui laisse la reine enceinte. La naissance, puis la mort d'un héritier posthume, en la personne de Jean 1er, fait de Philippe V le roi, écartant Jeanne, fille de Louis X, en faisant déclarer par les Etats généraux, les femmes incapables d'accéder au trône (1317). Il met fin à l'agitation des grands vassaux et à une nouvelle révolte en Flandre; son règne est également troublé par la révolte des pastoureaux du Midi. Il poursuit, dans le domaine intérieur la politique de son père, par un grand nombre d'ordonnances, réorganisant le conseil du roi (1318), donnant son statut définitif à la Chambre des comptes (1320). Par son mariage avec Jeanne de Bourgogne, il a acquis la Franche-Comté. Il meurt en 1322 en ne laissant que des filles vivantes et la couronne passe à son frère Charles, dernier fils vivant de Philippe le Bel.

Charles IV le Bel (1294-1328). Roi de France (1322-1328).

Troisième et dernier fils vivant de Philippe le Bel, Charles IV succède à son frère Philippe V le Long, mort sans héritier mâle. Il doit faire face à une nouvelle révolte de la Flandre en 1323, qui se termine par la paix d'Arques (1326). Les tensions avec l'Angleterre reprennent et Charles IV prononce la confiscation de la Guyenne, que son oncle Charles de Valois conquiert en 1324; après la mort d'Edouard II en 1327, une partie des conquêtes est rendue à son successeur, Edouard III. Dans le domaine intérieur, le roi continue la réorganisation de la justice et des finances. Son règne est également marqué par le problème de sa succession : après avoir répudié sa première femme, Blanche de Bourgogne, accusée d'adultère, il se remarie tout d'abord avec Marie de Luxembourg en 1322, qui meurt en couches en 1324, sans lui laisser d'enfant vivant, puis avec Jeanne d'Evreux, qui ne lui donne que des filles. La mort prématurée de Charles IV en 1328 laisse le trône sans aucun héritier direct pour la première fois depuis Hugues Capet : avec lui s'éteint donc la dynastie des Capétiens directs et la couronne passe à son cousin Philippe VI de Valois.

Philippe le Bel.

Saint Louis.

LES VALOIS DIRECTS

Cette branche de la dynastie des Capétiens accède au trône de France en 1328 avec Philippe VI, fils de Charles de Valois et neveu de Philippe IV le Bel, les trois fils de celui-ci étant morts sans descendance mâle. Le nouveau roi est choisi par les Grands du royaume, de préférence au roi d'Angleterre Edouard III, pourtant petit-fils par sa mère Isabelle, de Philippe IV le Bel.

La dynastie des Valois règne sur la France de 1328 à 1589. Trois branches en sont issues. Les Valois directs, de 1328 à 1498, donnent sept rois à la France, de Philippe VI à Charles VIII. C'est à nouveau une succession de père en fils pendant 170 ans.

Cette période très difficile est marquée par la guerre de Cent ans, la détention du roi Jean II le Bon, la folie du roi Charles VI et la guerre civile entre Armagnacs et Bourguignons ; mais la deuxième moitié du XVè siècle voit le redressement de l'autorité monarchique avec les rois Charles VII (1422-1461) et Louis XI (1461-1483).

En 1498, Charles VIII meurt sans héritier mâle et la couronne passe au plus proche prince du sang vivant, son cousin le duc d'Orléans, qui devient le roi Louis XII.

Philippe de Valois.

LA GENEALOGIE DES VALOIS DIRECTS

Charles
1270-1325
comte de Valois
frère de Philippe IV le Bel

ép.1, en 1290, Marguerite d'Anjou, fille du comte Charles II (morte en 1299)

- Isabelle 1292-1309 ép. en 1298, Jean de Bretagne → sans descendance
- **PHILIPPE VI de Valois** 1293-1350 roi de France (1328-1350)
- Jeanne v.1294-1352 ? ép. en 1305, Guillaume, comte de Hainaut (mort en 1337) puis religieuse → Comtes de Hainaut
- Marguerite v.1295-1342 ép. en 1310, Guy 1er, comte de Blois →
- Charles ? -1346 comte d'Alençon ép. en 1336, Marie d'Espagne → Ducs d'Alençon
- Catherine morte jeune

ép.2, en 1301, Catherine de Courtenay, fille de Philippe 1er, empereur de Constantinople (morte v.1307)

- Jean mort jeune
- Catherine 1303-1346 impératrice de Constantinople ép. en 1313, Philippe 1er de de Sicile, prince de Tarente (mort en 1332)
- Jeanne morte en 1363 ép. en 1318, Robert III d'Artois (mort en 1342) → Comtes d'Artois
- Isabelle morte en 1349 abbesse de Fontevrault

ép.3, en 1308, Mahaut de Châtillon, fille du comte Guy III (morte en 1358)

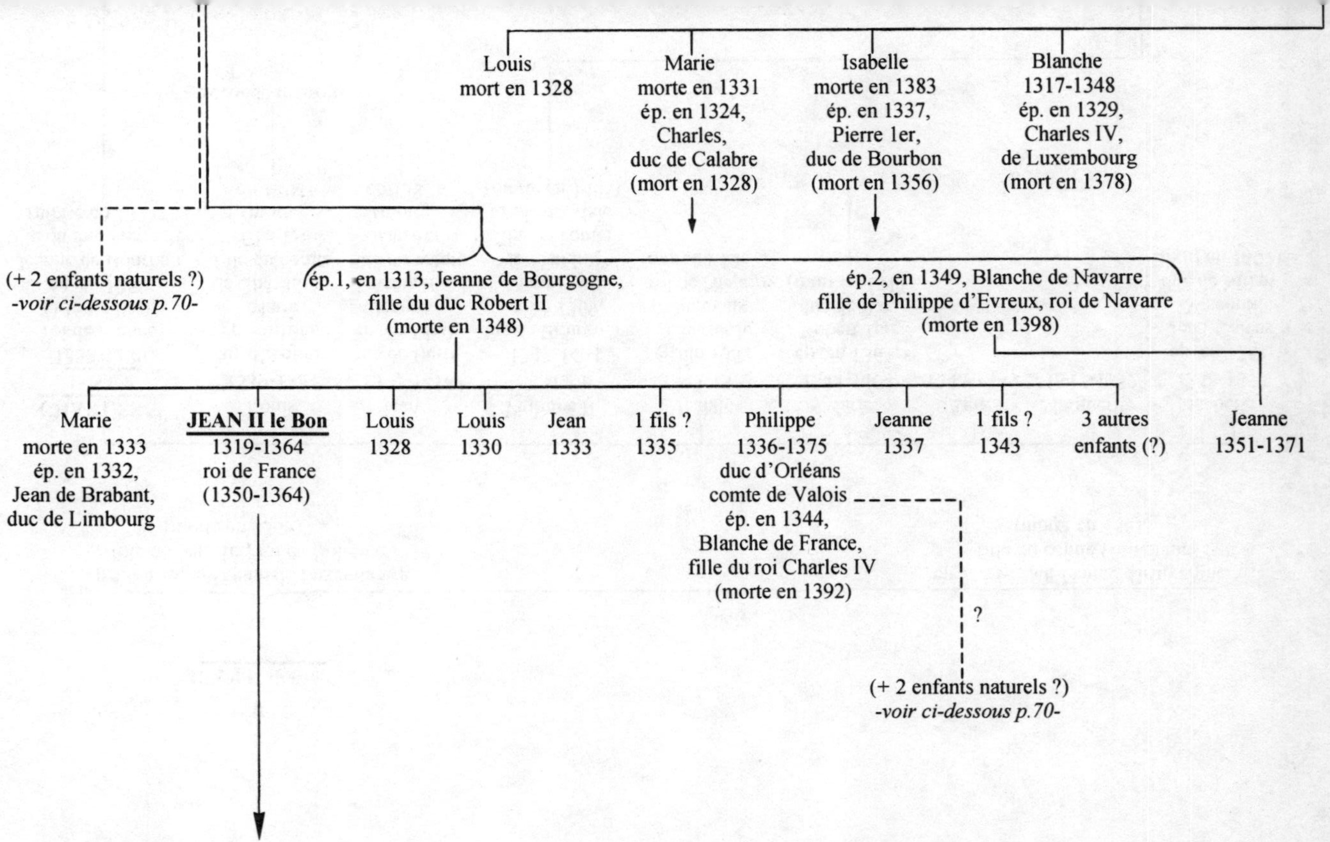
Louis
mort en 1328
Marie
morte en 1331
ép. en 1324,
Charles,
duc de Calabre
(mort en 1328)
Isabelle
morte en 1383
ép. en 1337,
Pierre 1er,
duc de Bourbon
(mort en 1356)
Blanche
1317-1348
ép. en 1329,
Charles IV,
de Luxembourg
(mort en 1378)
(+ 2 enfants naturels ?)
-voir ci-dessous p.70-
ép.1, en 1313, Jeanne de Bourgogne,
fille du duc Robert II
(morte en 1348)
ép.2, en 1349, Blanche de Navarre
fille de Philippe d'Evreux, roi de Navarre
(morte en 1398)
Marie
morte en 1333
ép. en 1332,
Jean de Brabant,
duc de Limbourg
JEAN II le Bon
1319-1364
roi de France
(1350-1364)
Louis
1328
Louis
1330
Jean
1333
1 fils ?
1335
Philippe
1336-1375
duc d'Orléans
comte de Valois
ép. en 1344,
Blanche de France,
fille du roi Charles IV
(morte en 1392)
Jeanne
1337
1 fils ?
1343
3 autres
enfants (?)
Jeanne
1351-1371
?
(+ 2 enfants naturels ?)
-voir ci-dessous p.70-

JEAN II le Bon

ép.1, en 1332, Bonne de Luxembourg, fille de Jean 1er, roi de Bohême (morte en 1349)

ép.2, en 1350, Jeanne d'Auvergne, fille du comte Guillaume (morte en 1361)

CHARLES V le Sage 1338-1380 roi de France (1364-1380) ép. en 1350, Jeanne de Bourbon, fille du duc Pierre 1er (morte en 1377)	Louis 1339-1384 duc d'Anjou ép. en 1360, Marie de Châtillon, fille du comte Charles (morte en 1404)	Jean 1340-1416 duc de Berry ép. en 1360, Jeanne d'Armagnac, fille du comte Jean 1er (morte en 1387)	Philippe II le Hardi 1342-1404 duc de Bourgogne ép. en 1369, Marguerite de Flandre, fille du comte Louis de Male (morte en 1405)	Jeanne 1343-1373 ép. en 1352, Charles le Mauvais, roi de Navarre (mort en 1387)	Marie 1344-1404 ép. en 1364, Robert 1er, duc de Bar (mort en 1411)	Agnès 1345-1349	Marguerite 1347-1352	Isabelle 1348-1372 ép. en 1361, Jean-Galéas Visconti, duc de Milan (mort en 1402)
	Seconde maison d'Anjou							

- Jeanne 1357-1360
- Bonne morte en 1360
- Jeanne 1366
- **CHARLES VI le Fou** 1368-1422 roi de France (1380-1422) ép. en 1385, Isabeau de Bavière, fille du duc Etienne II (morte en 1435)
  - (+ 1 enfant naturel) *-voir ci-dessous p.70-*
- Marie 1370-1377
- Louis 1372-1407 duc d'Orléans → **DYNASTIE DES VALOIS-ORLEANS**
- Isabelle 1373-1377
- Catherine 1377-1388

Seconde maison de Bourgogne :

Jean sans Peur 1371-1419
|
Philippe III le Bon 1396-1467
|
Charles le Téméraire 1433-1477
|
Marie de Bourgogne 1457-1482

Enfants de Charles VI :

- Charles 1386
- Jeanne 1388-1390
- Isabelle 1389-1409
  - ép.1, en 1396, Richard II, roi d'Angleterre (mort en 1400) — sans descendance
  - ép.2, en 1406, Charles, duc d'Orléans (mort en 1465) →
- Jeanne 1391-1433 ép. en 1396, Jean V, duc de Bretagne (mort en 1442) →
- Charles 1392-1401
- Marie 1393-1438 religieuse à Poissy
- Michelle 1395-1422 ép. en 1409, Philippe III le Bon, duc de Bourgogne (mort en 1467) — sans descendance
- Louis 1397-1415 ép. en 1412, Marguerite de Bourgogne, sœur du duc (morte en 1442) — sans descendance
- Jean 1398-1417 ép. en 1406, Jacqueline de Bavière, fille du comte de Hainaut (morte en 1436) — sans descendance
- Catherine 1401-1438
  - ép.1, en 1420, Henri V, roi d'Angleterre (mort en 1422) →
  - ép.2, v.1429, Owen Tudor (mort en 1461) →
- **CHARLES VII le Victorieux** →
- Philippe 1407

<u>CHARLES VII le Victorieux</u>
1403-1461
roi de France (1422-1461)
ép. en 1422, Marie d'Anjou,
fille du roi de Naples Louis II
(morte en 1463)

- **<u>LOUIS XI</u>** 1423-1483, roi de France (1461-1483)
- Jean 1425
- Radégonde v.1428-1444
- Catherine v.1428-1446, ép. en 1440, Charles le Téméraire, duc de Bourgogne (mort en 1477)
  - sans descendance
- Jacques 1432-1437
- Yolande 1434-1478, ép. en 1452, Amédée IX, duc de Savoie (mort en 1472)
- Jeanne v.1435-1482, ép. en 1452, Jean II, duc de Bourbon (mort en 1488)
  - sans descendance
- Philippe 1436
- Marguerite 1437-1438
- Marie 1438-1439 et Jeanne 1438-1446 (jumelles)
- Madeleine 1443-1486, ép. en 1462 Gaston de Foix, prince de Viane (mort en 1470)
- Charles 1446-1472, duc de Berry, duc de Guyenne
  - sans descendance légitime
- (+4 enfants naturels) *-voir ci-dessous p.70-*

(+ 4 enfants naturels)
-voir ci-dessous p.70-

ép.1 en 1436,
Marguerite d'Ecosse,
fille du roi Jacques 1er
(morte en 1445)

sans descendance

ép.2, en 1451,
Charlotte de Savoie,
fille du duc Louis II
(morte en 1483)

- Joachim
  1459
- Louise
  1460
- Anne
  1461-1522
  ép. en 1474,
  Pierre de Beaujeu,
  duc de Bourbon
  (mort en 1503)
- Jeanne
  1464-1505
  ép. en 1476,
  Louis, duc d'Orléans
  (futur roi Louis XII)
  sans descendance
- François
  1466
- **CHARLES VIII**
  1470-1498
  roi de France
  (1483-1498)
  ép. en 1491,
  Anne, duchesse
  de Bretagne
  (morte en 1514)
  - Charles-Orland
    1492-1495
  - Charles
    1496
  - François
    1497
  - Anne
    1498
- François
  1472-1473

FIN DE LA BRANCHE DIRECTE DES VALOIS

LA DESCENDANCE ILLEGITIME DES VALOIS DIRECTS

PHILIPPE VI de Valois
1293-1350
?

Jean d'Armagnac
mort ap.1350

Thomas de la Marche
1318-1361

Philippe, duc d'Orléans
frère du roi Jean II le Bon
1336-1375
?

1 fils ?
mort en 1380

Louis
mort en 1397
évêque
de Beauvais

CHARLES VI le Fou
1368-1422
avec Odette de Champdivers (morte v.1424)

Marguerite de Valois
1407-av.1458

CHARLES VII le Victorieux
1403-1461
avec Agnès Sorel (morte en 1450)

Marie
v.1444-av.1473

Charlotte
v.1446-1477

Jeanne
v.1448-ap.1467

1 fille ?
1449-1450

LOUIS XI
1423-1483

avec Phélix Régnard

Guyette
morte ap.1502

avec Marguerite de Sassenage

Jeanne
morte en1519

Marie
morte v.1470

Isabeau

Philippe VI de Valois (1293-1350). Roi de France (1328-1350).

Fils de Charles de Valois et de Marguerite d'Anjou, neveu de Philippe le Bel, il devient régent puis roi à la mort de Charles IV en 1328, décédé sans héritier mâle, et en écartant de la succession Philippe d'Evreux et Edouard III d'Angleterre. Il est à l'origine de la dynastie des Valois dont les représentants règnent sur la France jusqu'en 1589. Philippe VI commence par intervenir en Flandre, à nouveau révoltée et est vainqueur à Cassel en 1328. Mais son règne est surtout marqué par les débuts de la guerre de Cent ans : le roi d'Angleterre Edouard III accepte de rendre hommage à Philippe VI pour ses fiefs français en 1329, mais les prétentions de celui-ci sur la Guyenne et la Flandre déclenchent rapidement les hostilités. Le roi de France prononce en 1337 la saisie de la Guyenne, Edouard III revendique le trône de France, s'allie avec la Flandre puis avec la Bretagne et se proclame même roi en 1340. Cette guerre s'engage très mal pour les Français, battus sur mer à l'Ecluse en 1340, puis sur terre, à Crécy, en 1346. Les Anglais s'emparent de Calais l'année suivante. La terrible épidémie de peste qui s'abat alors sur l'Europe occidentale aboutit à la signature d'une trêve en 1348, grâce à la médiation du pape. Philippe VI meurt avant la reprise des hostilités. En plus de son apanage, composé du Valois, de l'Anjou et du Maine, il a réuni à la couronne la Champagne, la Brie, le Dauphiné ainsi que la seigneurie de Montpellier. Son règne est marqué dans le domaine intérieur par le renforcement de la fiscalité royale pour financer la guerre, par une réunion répétée des Etats généraux et par l'organisation définitive du rôle du Parlement. A la mort de Philippe VI de Valois en 1350, son fils aîné, Jean II le Bon lui succède.

Jean II le Bon (1319-1364). Roi de France (1350-1364).

Fils aîné de Philippe VI de Valois et de Jeanne de Bourgogne, Jean II le Bon succède à son père en 1350. C'est un homme d'une intelligence bornée, un bon chevalier, mais un politique médiocre et mal conseillé, et son règne reste comme une période assez désastreuse pour la France. Les troubles déclenchées par la lutte du roi contre Charles le Mauvais, roi de Navarre, entraînent une reprise de la guerre contre les Anglais en 1355, marquée par la chevauchée du Prince Noir en Guyenne et en Languedoc. Manquant de subsides pour la guerre, le roi Jean II le Bon réunit les Etats généraux pour en obtenir, mais ceux-ci assortissent leur consentement d'un contrôle de l'utilisation de l'argent. En 1356, l'armée française est mise en déroute par les Anglais à Poitiers et le roi de France est fait prisonnier et emmené à Londres. Pendant les quatre années que dure sa détention, Jean le Bon mène une vie insouciante et somptueuse, laissant son fils, le dauphin Charles, se débattre dans la plus grave crise qu'a connue la monarchie française. Les Etats généraux essaient en effet d'imposer au régent Charles une réforme profonde du système de gouvernement, avec un contrôle de leur part, c'est la Grande ordonnance de 1357, ce qui équivaudrait à une monarchie parlementaire. En 1358, il doit également faire face à la rébellion parisienne dirigée par Etienne Marcel, le prévôt des marchands, et à la révolte paysanne, la Jacquerie, dont il réussit à triompher dans les deux cas.

Les deux traités de Londres de 1358 et 1359 permettent la libération du roi Jean II le Bon, qui revient en France en juillet 1360, mais les conditions en sont draconiennes : abandon à Edouard III d'Angleterre de toute la façade atlantique du royaume, paiement d'une forte rançon, remise d'otages, dont deux fils du roi, jusqu'à son paiement complet. Ces conditions ayant été repoussées par les Etats généraux, la guerre reprend jusqu'à la signature du traité de Calais en 1360. En 1361, le duc de Bourgogne meurt sans postérité et Jean le Bon réunit le duché au domaine royal, puis le donne en apanage à son plus jeune fils, Philippe le Hardi. En 1363, un des otages livrés aux Anglais pour la libération du roi Jean le Bon, son propre fils, le duc d'Anjou, s'évade. Le roi n'écoutant que son esprit chevaleresque et les lois de l'honneur, retourne à Londres se constituer prisonnier à la place de son fils au début de l'année 1364. Il y meurt quelques mois plus tard. Son fils aîné Charles V lui succède.

Charles V le Sage (1338-1380). Roi de France (1364-1380).

Fils aîné de Jean II le Bon et de Bonne de Luxembourg, il est confronté dès l'âge de dix-huit ans à la captivité de son père en Angleterre (1356-1360), et il doit assumer la régence au milieu des pires difficultés : tentative des Etats généraux de mettre la monarchie en tutelle; révolte d'Etienne Marcel à Paris; menaces du roi de Navarre, Charles le Mauvais, qui convoite la couronne; révolte de paysans, la Jacquerie, dans le Beauvaisis. Ayant réussi à surmonter les difficultés intérieures en 1358, Charles doit faire face à une nouvelle invasion anglaise, arrêtée par le traité de Calais (1360), qui fixe les conditions de la libération de son père. Le retour de celui-ci à Londres puis sa mort en 1364 fait de Charles V le roi de France. Secondé par un grand homme de guerre, Du Guesclin, il bat Charles le Mauvais à Cocherel (1364), met fin à la guerre de succession de Bretagne par le traité de Guérande (1365) et débarasse en partie le royaume des bandes armées, qui le pillaient (1366). En 1369, la guerre reprend contre les Anglais, après la confiscation de la Guyenne par le roi Charles V. Par une guerre d'usure, sans grandes batailles, le roi de France parvient à reconquérir une à une les possessions anglaises, Rouergue, Quercy et Périgord en 1369, Limousin et Poitou en 1372, Aunis et Saintonge en 1373. En 1375, les Anglais ne possèdent plus en France que la Guyenne et Calais. L'accession au trône d'Angleterre d'un nouveau roi en 1377, en la personne de Richard II, rouvre les hostilités en 1379-1380. Dans le domaine intérieur, Charles V rétablit l'autorité royale, mise à mal par le règne de son père. Il réorganise en particulier l'armée, formée désormais de compagnies (ordonnances de 1373-1374) et les finances, établissant les ressources nécessaires à la conduite de la guerre, par des contributions extraordinaires qui deviennent ensuite des impôts permanents. C'est enfin un roi lettré, aimant s'entourer d'hommes savants, et un roi bâtisseur (Louvre, Bastille, Hôtel Saint-Pol, nouvelle enceinte à Paris). A sa mort en 1380, son fils aîné Charles VI lui succède.

Charles VI le Fou (1368-1422). Roi de France (1380-1422).

Succédant à son père Charles V à l'âge de 12 ans, Charles VI est placé sous la régence de ses oncles, les ducs de Bourbon, d'Anjou, de Berry et de Bourgogne, qui se disputent le pouvoir. Le début de son règne est marqué par de nombreuses révoltes antifiscales dans différentes régions (les Maillotins à Paris, la Hérelle à Rouen, les Tuchins en Languedoc) et par l'insurrection des villes flamandes avec Philippe Van Artevelde, qui est tué à la bataille de Rosebeke en 1382. Avec l'Angleterre, Charles VI signe plusieurs trêves qui maintiennent la paix jusqu'en 1404. En 1388, le roi décide de régner personnellement et renvoie ses oncles, c'est le gouvernement des «marmousets». Mais à partir de 1392, Charles VI est atteint de crises de folie, ce qui est à l'origine des plus grands malheurs pour la France. Il renvoie les marmousets, c'est le retour au gouvernement des ducs, Orléans contre Bourgogne, qui essaient de prendre l'ascendant sur un roi à la raison intermittente et qui aboutit, après l'assassinat de Louis, duc d'Orléans et frère du roi, en 1407, à une guerre civile entre Armagnacs, partisans du duc d'Orléans Charles et Bourguignons, partisans de Jean sans Peur, duc de Bourgogne. A tour de rôle, chacune des deux factions, maîtresse de Paris, exerce le pouvoir. Profitant de cette situation, l'Angleterre reprend la guerre : Henri IV conclut une alliance avec les Armagnacs en 1412, puis débarque en France. Son successeur Henri V réclame la couronne de France, arrive sur le continent en 1415 et fait subir à l'armée française la désastreuse défaite d'Azincourt, puis de 1417 à 1419, il s'empare de la Normandie. Après l'assassinat de Jean sans Peur, duc de Bourgogne auquel succède Philippe le Bon, le roi d'Angleterre s'allie avec le parti bourguignon (1419). La trahison de la reine Isabeau de Bavière et du duc de Bourgogne aboutit à la signature avec le roi d'Angleterre du terrible traité de Troyes (1420), qui déshérite le dauphin Charles de la couronne de France, et reconnaît Henri V d'Angleterre héritier de Charles VI, dont il épouse la fille Catherine. La mort d'Henri V puis celle de Charles VI en 1422 laisse au dauphin Charles une situation catastrophique, d'autant plus qu'Henri VI d'Angleterre est proclamé roi de France.

Charles VII le Victorieux (1403-1461). Roi de France (1422-1461).

Cinquième fils de Charles VI et d'Isabeau de Bavière, il devient dauphin en 1417, à la mort de tous ses frères aînés. En 1418, il doit s'enfuir de Paris, occupé par les Bourguignons et se réfugie à Bourges. Déshérité par son père au traité de Troyes en 1420, au profit du roi d'Angleterre Henri V, la mort de Charles VI en 1422 en fait un roi dont la légitimité est contestée et l'autorité limitée aux pays du sud de la Loire : on l'appelle le roi de Bourges. La reconquête du royaume est sa tâche primordiale. Les premières années sont difficiles, l'armée royale est battue à Cravant en 1423, puis à Verneuil-sur-Avre en 1424 par les Anglo-Bourguignons, qui font le siège d'Orléans en 1428. Mais progressivement, un élan de résistance nationale se forme et s'incarne en la personne de Jeanne d'Arc, à partir de 1429. Après avoir obtenu des Anglais la levée du siège d'Orléans, elle conduit le roi Charles VII à Reims, où il est sacré en juillet 1429, ce qui lui confère dès lors la légitimité qui lui manquait. La capture de Jeanne d'Arc en 1430 à Compiègne, puis son jugement et sa mort en 1431 n'empêchent pas le retournement de la situation en faveur de Charles VII, qui bénéficie alors de l'appui d'hommes de guerre valeureux comme La Hire, Xaintrailles ou le connétable de Richemont. En 1435, il met fin à l'alliance anglo-bourguignonne en signant avec le duc de Bourgogne la paix d'Arras, ce qui lui permet de reprendre Paris et d'y faire son entrée en 1437. Malgré la révolte des princes contre l'autorité royale, la Praguerie, en 1440, la reconquête du royaume sur les Anglais se poursuit. En 1444, les Anglais acceptent la conclusion d'une trêve de cinq ans, que Charles VII met à profit pour réorganiser l'armée (ordonnances de 1445 et de 1448 créant des compagnies d'ordonnance et des compagnies d'archers) et les finances (depuis 1439, la taille est devenue un impôt permanent). La reprise de la guerre en 1449 marque la fin de la reconquête du royaume par Charles VII : les Anglais perdent la Normandie en 1450 après leur défaite à Formigny, et la Guyenne après la victoire française de Castillon-la-bataille et la reprise de Bordeaux en 1453. La guerre de Cent ans se termine et les Anglais ne possèdent plus en France que Calais. De toutes ces épreuves, la royauté française sort fortifiée par les institutions dont l'a dotée Charles VII. Des grands vassaux, un seul reste puissant, le duc de Bourgogne. Le roi a également montré son autorité à l'Eglise par la Pragmatique sanction de Bourges (1438), qui limite l'autorité du pape sur les évêques français. La fin de son règne est une période de renaissance, qui annonce déjà le « beau XVIè siècle ». A sa mort en 1461, son fils aîné Louis XI lui succède.

<u>**Louis XI**</u> (1423-1483). Roi de France (1461-1483).

Fils aîné de Charles VII et de Marie d'Anjou, il passe le règne de son père à comploter contre lui (en 1440 lors de la Praguerie puis en 1456, où il doit se réfugier auprès du duc de Bourgogne). En 1447, Charles VII lui avait donné le gouvernement du Dauphiné. Devenu enfin roi à la mort de son père en 1461, il bénéficie de la remise en ordre du royaume, qu'il poursuit dans les domaines financier et judiciaire et peut ainsi continuer la construction territoriale de la France, qui est la grande œuvre de son règne, en luttant contre les derniers grands féodaux, en particulier le duc de Bourgogne. Dès 1465, Louis XI est confronté à une révolte des princes, regroupés dans la ligue du Bien public; après la bataille indécise de Montlhéry, il signe les traités de Conflans et de Saint-Maur-des-Fossés. Une nouvelle révolte féodale dirigée par Charles le Téméraire, duc de Bourgogne depuis 1467, aboutit à l'entretien de Péronne, où Louis XI, croyant gagner par la ruse, est retenu prisonnier par Charles et ne s'en sort qu'à des conditions humiliantes (1468). Désormais, le Téméraire représente le grand adversaire du règne et l'ennemi dont il faut abattre la puissance. La lutte entre les deux hommes dure jusqu'en 1477. Louis XI l'isole progressivement, en donnant à son propre frère Charles, le duché de

Guyenne en 1469, puis en signant avec Edouard IV d'Angleterre, le traité de Picquigny en 1475. Les prétentions du Téméraire entraînent la révolte des Suisses et des Alsaciens; battu à Grandson et Morat (1476), Charles meurt au siège de Nancy en 1477. La Bourgogne et la Picardie sont rattachées au domaine royal, le reste de l'héritage bourguignon passant entre les mains de la maison d'Autriche (traité d'Arras de 1482 avec Maximilien d'Autriche). Louis XI acquiert encore en 1480-1481, par l'extinction de la maison d'Anjou, l'Anjou, le Maine et la Provence. Il favorise la reprise de l'économie par des exemptions d'impôts, l'amélioration des transports ou des encouragements à la création de foires. Son unique fils vivant Charles lui succède en 1483.

Charles VIII (1470-1498). Roi de France (1483-1498).

Seul héritier mâle de Louis XI, Charles VIII devient roi à 13 ans à la mort de son père en 1483. Il règne d'abord sous la tutelle de sa sœur Anne et du mari de celle-ci, Pierre de Beaujeu, qui doivent affronter la «guerre folle», révolte des nobles bretons et du duc d'Orléans. La victoire des troupes royales à Saint-Aubin-du-Cormier puis le traité du Verger en 1488 y mettent fin. La succession de Bretagne tourne à l'avantage du roi de France, qui épouse en 1491 Anne, héritière du duché, ce qui prépare sa future réunion à la couronne de France (il a cependant fallu pour cela négocier avec l'Angleterre –traité d'Etaples de 1492– et avec Maximilien d'Autriche auquel Anne était dévolue –traité de Senlis de 1493–). Charles VIII a mis fin à la régence en 1491 et décidé de gouverner seul. Mais le fait marquant de son règne est le début des guerres d'Italie. Répondant favorablement à l'appel du pape contre le roi de Naples et faisant valoir des droits hérités de la maison d'Anjou, Charles VIII se lance dans une expédition en 1494. Commencée victorieusement par une chevauchée rapide à travers la péninsule et par la prise de Naples en février 1495, la conquête entraîne ensuite un soulèvement et la constitution d'une ligue anti-française. Charles VIII abandonne le royaume de Naples et parvient difficilement à s'ouvrir la route du retour en France par la victoire de Fornoue en juillet 1495. Cet échec marque la fin du rêve italien du roi de France. Charles VIII meurt en effet en 1498, alors qu'il prépare sa revanche. Il ne laisse aucun héritier vivant, les trois fils qu'il a eus d'Anne de Bretagne étant morts jeunes, et la couronne passe à son cousin le duc d'Orléans, Louis XII. 1498 marque ainsi la fin de la dynastie des Valois directs et l'avènement de la dynastie des Valois-Orléans.

Charles VI.

Louis XI.

LES VALOIS-ORLEANS

LES VALOIS-ANGOULEME

La branche des Valois-Orléans (1498-1515) n'a eu qu'un seul représentant sur le trône en la personne de Louis XII. Elle est issue de Louis, duc d'Orléans et frère du roi Charles VI le Fou.

Louis XII meurt sans héritier mâle en 1515 et la couronne passe à son gendre François 1er, issu également de Louis, duc d'Orléans par son père Charles d'Angoulême.

La branche des Valois-Angoulême règne sur la France de 1515 à 1589 et donne cinq rois, de François 1er à Henri III.

Après les règnes de François 1er (1515-1547) et de son fils Henri II (1547-1559), qui marquent le "beau XVIè siècle", la monarchie s'affaiblit et doit faire face aux guerres de Religion. Les trois fils d'Henri II se succèdent sur le trône de France et sont incapables d'arrêter la guerre civile. En outre, ils meurent tous sans héritier mâle.

En 1589, la mort d'Henri III donne la couronne au roi de Navarre Henri, plus proche héritier du trône, qui fonde la dynastie des Bourbons.

Anne de Bretagne.

LA GENEALOGIE DES VALOIS-ORLEANS ET DES VALOIS-ANGOULEME

Louis
1372-1407
duc d'Orléans
frère du roi Charles VI
ép. en 1389, Valentine Visconti,
fille de Jean-Galéas Visconti, duc de Milan
(morte en 1408)

- 1 fils ?
  1390
- Louis
  1391-1395
- Jean
  1393
- Charles
  1394-1465
  duc d'Orléans
- Philippe
  1396-1420
  comte de Vertus
- Jean
  v.1400-1467
  comte d'Angoulême
  ép. en 1449,
  Marguerite de Rohan
  (morte en 1496)
- Marguerite
  1406-1466
  ép. en 1423,
  Richard,
  comte d'Etampes
  (mort en 1438)
  puis religieuse
- (+1 enfant naturel)
  -voir ci-dessous p.82-

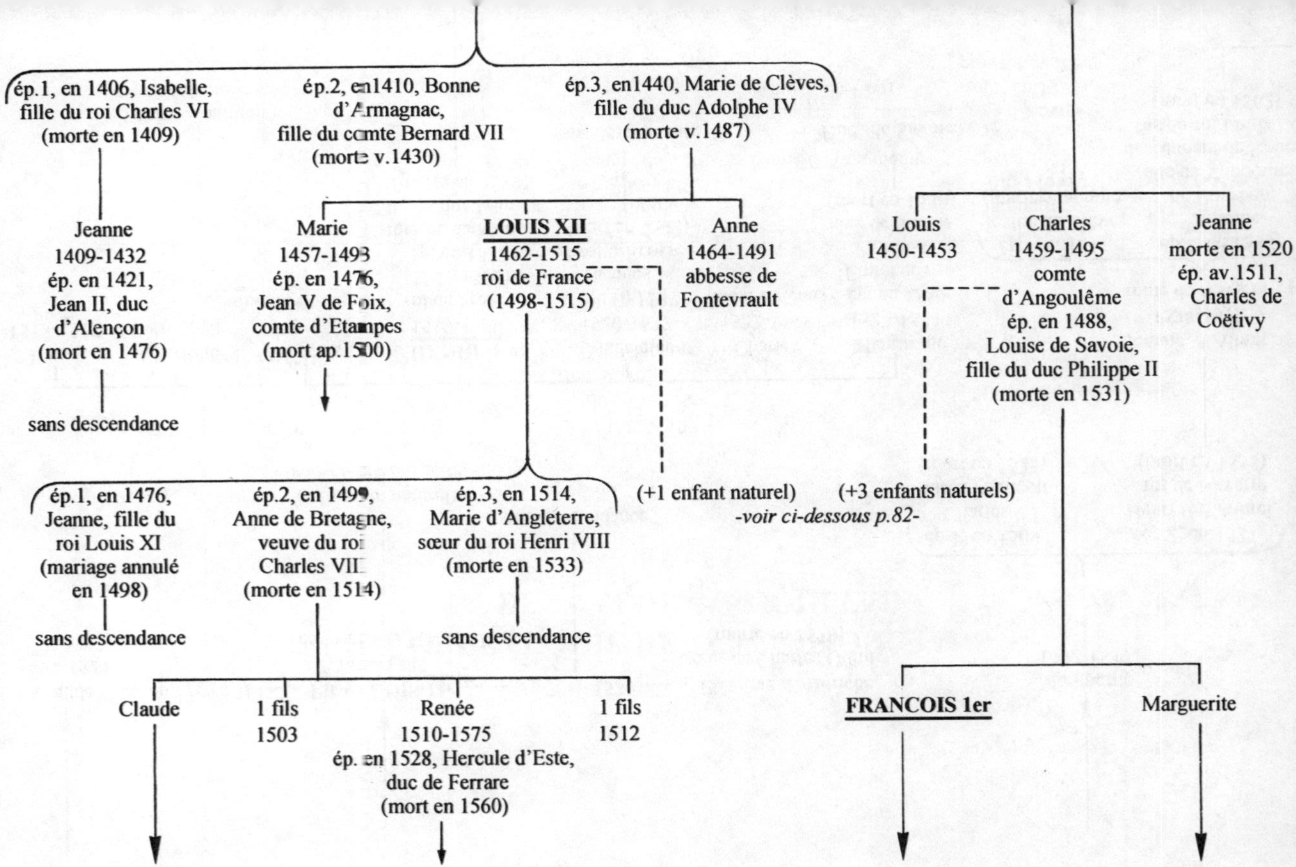
ép.1, en 1406, Isabelle, fille du roi Charles VI (morte en 1409)
ép.2, en1410, Bonne d'Armagnac, fille du comte Bernard VII (morte v.1430)
ép.3, en1440, Marie de Clèves, fille du duc Adolphe IV (morte v.1487)
Jeanne 1409-1432 ép. en 1421, Jean II, duc d'Alençon (mort en 1476)
sans descendance
Marie 1457-1493 ép. en 1476, Jean V de Foix, comte d'Etampes (mort ap.1500)
LOUIS XII 1462-1515 roi de France (1498-1515)
Anne 1464-1491 abbesse de Fontevrault
Louis 1450-1453
Charles 1459-1495 comte d'Angoulême ép. en 1488, Louise de Savoie, fille du duc Philippe II (morte en 1531)
Jeanne morte en 1520 ép. av.1511, Charles de Coëtivy
ép.1, en 1476, Jeanne, fille du roi Louis XI (mariage annulé en 1498)
sans descendance
ép.2, en 1499, Anne de Bretagne, veuve du roi Charles VIII (morte en 1514)
ép.3, en 1514, Marie d'Angleterre, sœur du roi Henri VIII (morte en 1533)
sans descendance
(+1 enfant naturel)
(+3 enfants naturels)
-voir ci-dessous p.82-
Claude
1 fils 1503
Renée 1510-1575 ép. en 1528, Hercule d'Este, duc de Ferrare (mort en 1560)
1 fils 1512
FRANCOIS 1er
Marguerite

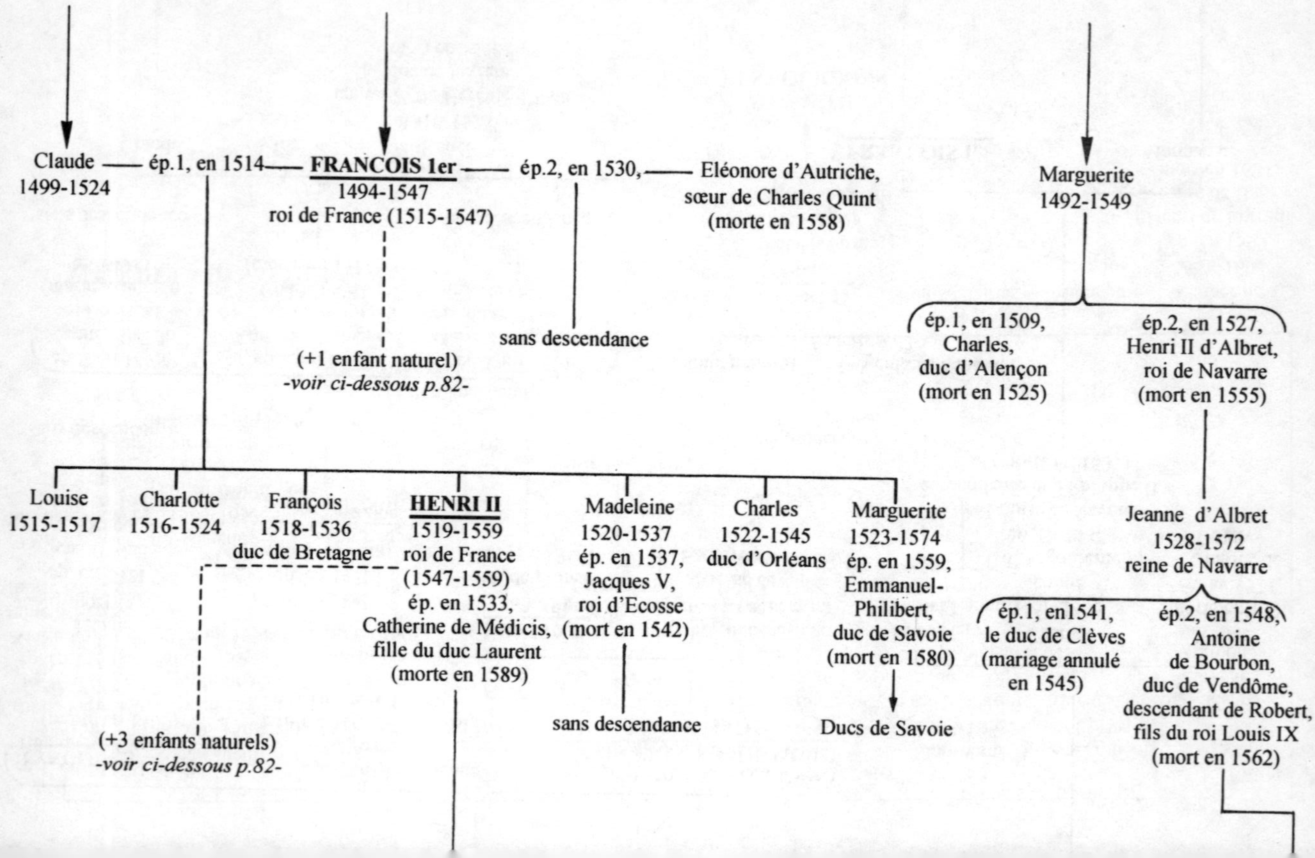
Claude
1499-1524
ép.1, en 1514
FRANCOIS 1er
1494-1547
roi de France (1515-1547)
ép.2, en 1530,
Eléonore d'Autriche,
sœur de Charles Quint
(morte en 1558)
sans descendance
(+1 enfant naturel)
-voir ci-dessous p.82-
Marguerite
1492-1549
ép.1, en 1509,
Charles,
duc d'Alençon
(mort en 1525)
ép.2, en 1527,
Henri II d'Albret,
roi de Navarre
(mort en 1555)
Louise
1515-1517
Charlotte
1516-1524
François
1518-1536
duc de Bretagne
HENRI II
1519-1559
roi de France
(1547-1559)
ép. en 1533,
Catherine de Médicis,
fille du duc Laurent
(morte en 1589)
Madeleine
1520-1537
ép. en 1537,
Jacques V,
roi d'Ecosse
(mort en 1542)
sans descendance
Charles
1522-1545
duc d'Orléans
Marguerite
1523-1574
ép. en 1559,
Emmanuel-
Philibert,
duc de Savoie
(mort en 1580)
Ducs de Savoie
Jeanne d'Albret
1528-1572
reine de Navarre
ép.1, en1541,
le duc de Clèves
(mariage annulé
en 1545)
ép.2, en 1548,
Antoine
de Bourbon,
duc de Vendôme,
descendant de Robert,
fils du roi Louis IX
(mort en 1562)
(+3 enfants naturels)
-voir ci-dessous p.82-

FRANCOIS II
1544-1560
roi de France
(1559-1560)
ép. en 1558,
Marie Stuart,
reine d'Ecosse
(morte en 1587)

sans descendance

Elisabeth
1546-1568
ép. en 1559,
Philippe II,
roi d'Espagne,
(mort en 1598)

Isabelle
1566-1633
ép. en 1599,
Albert,
archiduc d'Autriche
(mort en 1621)

sans descendance

Claude
1547-1575
ép. en 1559,
Charles III,
duc de Lorraine
(mort en 1608)

Ducs de
Lorraine

Louis
1549-1550

CHARLES IX
1550-1574
roi de France
(1560-1574)
ép. en 1570,
Elisabeth d'Autriche,
fille de l'empereur
Maximilien II
(morte en 1592)

Marie-Elisabeth
1572-1578

(+2 enfants naturels)
-voir ci-dessous p.82-

HENRI III
1551-1589
roi de France
(1574-1589)
ép. en 1575,
Louise de
Vaudémont-
Lorraine
(morte en 1601)

sans descendance

Marguerite
1553-1615
la reine Margot
ép. en 1572,
Henri de Navarre,
futur Henri IV
(mariage annulé
en 1599)

sans descendance

François
1555-1584
duc d'Alençon

Victoire
et
Jeanne
1556
(jumelles)

FIN DE LA DYNASTIE DES VALOIS

Henri
1551-1553

HENRI IV
1553-1610
roi de Navarre
(1572-1610)
roi de France (1589-1610)

**DYNASTIE
DES BOURBONS**

Louis-Charles
1554

Madeleine
1556

Catherine
1558-1604
ép. en 1599,
Henri de Lorraine,
duc de Bar
(mort en 1624)

sans descendance

LA DESCENDANCE ILLEGITIME DES VALOIS-ORLEANS ET DES VALOIS-ANGOULEME

Louis
duc d'Orléans, frère du roi Charles VI
1372-1407
avec Mariette d'Enghien

Jean
1403-1468
comte de Dunois

LOUIS XII
1462-1515

Michel Bucy
v.1489-1511

Charles
comte d'Angoulême, père de François 1er
1459-1495

avec Antoinette de Polignac

Jeanne
morte en 1538

Madeleine
1476-1543

avec Jeanne Conte

Souveraine
morte en 1551

FRANÇOIS 1er
1494-1547

Nicolas d'Estouteville, seigneur de Villecouvin

HENRI II
1519-1559

avec Philippe Duc

Diane
1538-1619

avec Mary Fleming

Henri,
bâtard d'Angoulême
1551-1586

avec Nicole de Savigny
(morte en 1590)

Henri de Saint-Rémi
v.1557-1621

CHARLES IX
1550-1574
avec Marie Touchet (morte en 1638)

1 fils ?

Charles, duc d'Angoulême
1573-1650

Louis XII (1462-1515). Roi de France (1498-1515).

Duc d'Orléans depuis la mort de son père Charles en 1465, il épouse, en 1476, Jeanne de France, fille du roi Louis XI. Il est l'un des chefs de la « guerre folle » contre le gouvernement des Beaujeu, pendant la minorité de Charles VIII. Fait prisonnier en 1488, il passe trois ans en détention, avant de se réconcilier avec le roi. Il conduit une armée française lors de la première expédition italienne en 1494-1495. A la mort de Charles VIII sans héritier, en 1498, il devient roi de France sous le nom de Louis XII. Son premier acte est de faire annuler son mariage avec Jeanne de France et d'épouser en 1499 Anne de Bretagne, veuve du précédent roi. Il se lance lui aussi dans les guerres d'Italie, inaugurées par son prédécesseur, revendiquant le Milanais, en tant que petit-fils de Valentine Visconti. En 1499-1500, il s'empare du duché, puis s'allie avec l'Aragon pour conquérir le royaume de Naples; mais, une fois cette conquête réalisée en 1501, les Français, en désaccord avec les Espagnols, sont vaincus et chassés trois ans plus tard. Par le traité de Blois de 1504, Louis XII cherche l'alliance avec l'Autriche, en promettant la main de sa fille Claude au futur Charles Quint, mais l'année suivante, le roi revient sur sa décision, annule le mariage prévu et promet sa fille à son cousin François d'Angoulême. Une nouvelle expédition italienne de Louis XII aboutit en 1507 à la prise de Gênes et la France adhère à la Ligue de Cambrai contre Venise. Mais, après la victoire française d'Agnadel (mai 1509), le pape se retourne contre les Français et met sur pied la Sainte Ligue (1511), qui regroupe l'Espagne, la Suisse et l'Angleterre. L'armée française remporte une victoire à Ravenne en 1512, mais est battue à Novare en 1513 et Louis XII perd à nouveau le Milanais. En même temps, le roi doit faire face à un débarquement anglais dans le nord de la France et son armée est vaincue à Guinegatte (1513). Finalement Louis XII fait la paix avec l'Angleterre en 1514 et négocie son remariage — il est veuf d'Anne de Bretagne — avec Marie d'Angleterre, sœur du roi Henri VIII, dont il espère l'héritier qu'il n'a toujours pas. Malgré cet échec final, ces guerres n'ont pas eu de conséquences néfastes pour la prospérité du royaume, les Français ayant même retiré beaucoup de richesses d'Italie. Louis XII a ramené le calme et la paix intérieure. Il s'est également préoccupé du bon fonctionnement des institutions, par l'organisation définitive du Grand Conseil (1498), par la promulgation de la grande ordonnance de Blois (1499) et par un souci de meilleure gestion des impôts (ordonnance de 1508). Il meurt en 1515 sans héritier, c'est son cousin et gendre, François d'Angoulême qui lui succède.

François 1er (1494-1547). Roi de France (1515-1547).

Fils de Charles d'Angoulême et de Louise de Savoie, il succède en 1515 à Louis XII, dont il est à la fois le cousin et le gendre. François 1er représente le type même du chevalier de la Renaissance. Dès son avènement, il reprend la route de l'Italie et inaugure son règne par la retentissante victoire de Marignan sur les Suisses et la conquête du Milanais (1515); il conclut ainsi la paix perpétuelle avec les cantons suisses et signe avec le pape le Concordat de Bologne (1516). Mais la grande affaire du règne de François 1er est sa longue rivalité avec Charles Quint, roi d'Espagne en 1516 puis empereur d'Allemagne en 1519. Ses possessions qui désormais encerclent la France représentent une menace. François 1er cherche tout d'abord l'alliance anglaise, mais la réception du roi Henri VIII au camp du Drap d'or en 1520 est un échec diplomatique. Dès lors, la guerre entre Charles Quint et le roi de France devient inévitable, elle dure pendant tout le règne de François 1er. Une première guerre, à partir de 1521, aboutit à l'abandon par les Français du Milanais, après la défaite à La Bicoque (1522), et une tentative d'invasion de la France par les Anglais et les Impériaux. La trahison du connétable de Bourbon en 1523 et la mort de Bayard à la bataille de la Sesia en 1524 n'empêchent pas François 1er d'intervenir à nouveau en Italie, mais il est vaincu et fait prisonnier à Pavie (1525). Il est emmené captif en Espagne et n'est libéré qu'en signant le désastreux traité de Madrid (1526), par lequel il s'engage à céder à Charles Quint la Bourgogne et à renoncer à toutes ses prétentions en Italie. Mais une fois libre, il refuse d'appliquer le traité et rouvre les hostilités en formant la Ligue de Cognac contre l'empereur. Une nouvelle expédition en Italie n'ayant rien donné, la paix est signée en 1529 : François 1er renonce à l'Italie et épouse la sœur de Charles Quint en 1530, alors que celui-ci laisse la Bourgogne à la France. N'ayant pas renoncé à conquérir le Milanais, le roi de France se rapproche alors des princes protestants allemands (1532) et même du sultan des Turcs, Soliman (1535). La guerre reprend, mais elle ne donne rien et une trêve est signée en 1538. Une dernière confrontation a lieu à partir de 1542, les Français sont vainqueurs à Cérisoles (1544), mais au traité de Crépy-en-Laonnais, François 1er renonce à l'Artois et à la Flandre et abandonne le Milanais à son adversaire. Sa confrontation avec Charles Quint prend ainsi fin. Même si son règne a tout entier été tourné vers la politique extérieure, il n'en demeure pas moins que dans le domaine intérieur, il est marqué par une évolution majeure, l'avènement de l'absolutisme royal : désormais l'autorité du roi ne rencontre plus de résistance, la trahison du duc de Bourbon élimine le dernier grand féodal et la noblesse devient une noblesse de cour, pensionnée par le roi. François 1er poursuit l'unification administrative du royaume par l'ordonnance de Villers-Cotterêts (1539). Au niveau religieux, le développement du protestantisme, longtemps toléré par le roi, commence à être persécuté après l'affaire des « placards » (1534), par l'édit de Fontainebleau de 1540. Pendant le règne de François 1er, la vie de cour prend un grand développement et symbolise le luxe de la Renaissance. Le domaine des lettres et des arts a bénéficié des faveurs du roi, il est un grand mécène, il fonde le Collège des lecteurs royaux (1530) et l'Imprimerie royale (1539). Il protège les artistes, attire des Italiens renommés (Leonard de Vinci), ce qui permet l'introduction en France de la Renaissance italienne. François 1er fait enfin construire de nombreux châteaux (Chambord, Fontainebleau, Saint-Germain-en-Laye) et commence la reconstruction du Louvre. Il meurt en 1547, son deuxième fils Henri II lui succède.

Henri II (1519-1559). Roi de France (1547-1559).

Deuxième fils de François 1er et de Claude de France, Henri II devient le dauphin à la mort de son frère aîné en 1536. Il a épousé en 1533, Catherine de Médicis. En 1547, il succède à son père, dont il poursuit la politique tournée contre la maison d'Autriche. Après avoir négocié avec l'Angleterre le rachat de Boulogne (1550), Henri II se rapproche des princes allemands luthériens, renforce l'alliance turque, et engage la guerre contre Charles Quint en 1552, en occupant les Trois Evêchés, Metz, Toul et Verdun. Les Impériaux assiègent en vain Metz (1552), échouent en Artois en 1554, les Français capitulent à Sienne, en Italie, en 1555 et finalement, une trêve est signée à Vaucelles en 1556. Elle est de courte durée, puisqu'Henri II reprend la guerre dès l'année suivante contre le fils et successeur de Charles Quint, Philippe II. Celui-ci est allié à l'Angleterre, dont il a épousé la reine Marie Tudor. La guerre débute mal pour la France, qui subit une défaite à Saint-Quentin en 1557 et dont une expédition contre Naples échoue complètement. Mais en 1558, François de Guise prend Calais aux Anglais. Cependant, les deux souverains, las de la guerre et préoccupés par les progrès du protestantisme dans leurs pays, entament des négociations, qui aboutissent au traité de Cateau-Cambrésis (1559) : Henri II conserve Calais et les Trois Evêchés et renonce au Milanais, c'est la fin des guerres d'Italie. Le roi de France peut désormais se consacrer à la lutte contre les protestants; dès le début de son règne, sous l'influence de sa favorite, Diane de Poitiers, il promulgue l'édit de Châteaubriant, qui met en place un système de répression important; l'édit d'Ecouen de 1559 est encore plus rigoureux. Le règne d'Henri II est également marqué par la création des présidiaux, juridiction intermédiaire, et des secrétaires d'Etat, cela traduisant un renforcement du pouvoir royal. Cependant, la situation financière se dégrade et le gouvernement doit vivre d'expédients. Henri II meurt en 1559 à la suite d'une blessure à l'œil reçue au cours d'un tournoi célébrant le mariage de sa fille Elisabeth avec Philippe II d'Espagne. Son fils aîné François II lui succède.

François II (1544-1560). Roi de France (1559-1560).

Fils aîné d'Henri II et de Catherine de Médicis, il succède à son père en 1559 à l'âge de quinze ans, sa mère assurant la régence. François II a épousé l'année précédente Marie Stuart, reine d'Ecosse. Il laisse tout le pouvoir aux oncles de sa femme, les Guise, partisans d'une politique répressive contre les protestants. Ceux-ci ne tardent pas à réagir; en mars 1560, voulant soustraire François II à l'influence des Guise, ils essaient de l'enlever, c'est la conjuration d'Amboise, qui échoue, et dont les chefs sont exécutés. C'est alors que le jeune roi meurt brutalement, en ne laissant aucun enfant; la couronne passe donc à son frère, Charles IX.

Charles IX (1550-1574). Roi de France (1560-1574).

Troisième fils d'Henri II et de Catherine de Médicis, il succède à son frère François II en 1560, à l'âge de 10 ans. Sa mère reste régente jusqu'en 1563, mais garde pendant tout le règne, une influence prépondérante. Avec le chancelier Michel de L'Hospital, elle mène une politique d'apaisement entre catholiques et protestants. Mais le massacre de protestants à Wassy par les gens du duc de Guise en mars 1562, ouvre le douloureux épisode des guerres de Religion, qui ensanglantent la France pendant 36 ans. La première guerre est marquée par quelques opérations militaires, l'alliance entre les protestants français et l'Angleterre (1562) et l'assassinat du duc François de Guise (1563); elle se termine par la paix d'Amboise (mars 1563). La paix revenue, Catherine de Médicis entreprend avec le roi Charles IX un tour de France, qui dure plus de deux ans et qui a pour but d'unir le royaume autour de la personne du roi. C'est l'époque également de la promulgation de la Grande Ordonnance de Moulins, visant à réformer la justice et à étendre les pouvoirs du roi (1566). Une tentative des protestants de s'emparer de Charles IX en septembre 1567 rouvre les hostilités. Les catholiques sont vainqueurs à Saint-Denis et la paix est signée à Longjumeau (mars 1568). Le renvoi de Michel de L'Hospital en mai 1568 entraîne une troisième guerre : les protestants sont battus à Jarnac et à Moncontour (1569) et elle se termine par la paix de Saint-Germain (1570), tentative de conciliation du roi, qui prévoit notamment le mariage de sa sœur Marguerite avec Henri de Navarre. Ce mariage en août 1572 est une des causes du massacre des protestants le jour de la saint-Barthélémy, que Charles IX ne peut empêcher et dont sa mère lui arrache la décision Cet évènement rallume la guerre au cours de laquelle les catholiques essaient vainement de s'emparer de La Rochelle. L'édit de Boulogne met fin à cette quatrième guerre (juillet 1573). Charles IX meurt en 1574, alors que les combats sont sur le point de reprendre. De son mariage avec Elisabeth d'Autriche, il ne laisse qu'une fille, et la couronne passe à son frère, troisième fils d'Henri II, Henri III.

Henri III (1551-1589). Roi de France (1574-1589).

Quatrième fils d'Henri II et de Catherine de Médicis, Henri III, d'abord duc d'Anjou, devient roi de Pologne en 1573, grâce aux intrigues de sa mère. La mort de son frère Charles IX sans héritier mâle, l'année suivante, fait de lui le roi de France. Il prend possession d'un royaume déchiré entre catholiques et protestants depuis douze ans. Au lendemain de la Saint-Barthélémy, le pouvoir royal n'a plus les moyens de se faire respecter. Henri III n'est pas l'homme de la situation; même s'il veut préserver l'unité de son royaume, il est trop indécis et influençable, sa mère ayant toujours une place prépondérante et ses mignons ayant trop d'ascendant sur lui; il mène une vie de cour fastueuse, peu conscient des ravages que provoquent les combats. La guerre reprend dès le début de son règne, les catholiques sont vainqueurs à Dormans (octobre 1575), mais le roi, par la paix de Beaulieu (mai 1576), accorde des avantages aux protestants, ce qui provoque la formation de la Ligue catholique. Le roi en prend la tête pour mieux la contrôler, mais les Etats généraux de Blois le forcent à reprendre la lutte contre les protestants. La sixième guerre éclate en 1577, les catholiques sont vainqueurs à la Charité-sur-Loire et à Issoire et la paix de Bergerac limite le culte protestant. La Ligue est dissoute. Mais les protestants ne respectent cette nouvelle trêve et une septième guerre éclate en 1580 dans le Languedoc, où Henri de Navarre prend Cahors. Elle se termine par la paix de Fleix, qui confirme la paix de Bergerac. De son mariage avec Louise de Vaudémont en 1575, Henri III n'a pas d'enfant et son frère François est l'héritier présomptif du trône. La mort de celui-ci en 1584 ouvre une crise grave, puisque le prétendant à la couronne est désormais le protestant Henri de Navarre. Cette éventualité, inacceptable pour les catholiques, est à l'origine de la dernière guerre. Les catholiques forment une nouvelle Ligue et s'allient avec Philippe II d'Espagne. Ils font pression sur Henri III qui revient sur toutes les concessions accordées aux protestants (juillet 1585). La guerre des « Trois Henri » tourne à la confusion pour le roi : Henri de Navarre est vainqueur à Coutras (1587), Henri de Guise bat les renforts protestants allemands et suisses et fait son entrée dans Paris, où il est très populaire. Trois jours plus tard, une émeute provoque la fuite du roi (mai 1588). A nouveau, Henri III doit capituler : il réunit des Etats généraux dominés par la Ligue à Blois, mais se ressaisissant, il y fait assassiner Henri de Guise (décembre 1588). Maîtres de Paris, les Ligueurs prononcent alors la déchéance du roi. Il ne reste plus à Henri III pour reconquérir son pouvoir qu'à s'allier avec Henri de Navarre; les deux hommes assiègent Paris (juillet 1589). Mais quelques jours plus tard, Henri III est assassiné par un moine fanatique, Jacques Clément. Son règne très troublé sur le plan intérieur, est néanmoins marqué par des progrès de l'administration royale : spécialisation des Conseils du roi (1578), promulgation de la Grande Ordonnance de Blois (1579). Avec Henri III, mort sans descendance, s'éteint la dynastie des Valois. C'est Henri IV qui lui succède.

François 1er.

Henri IV.

Louis XIII.

LES BOURBONS

Les rois Bourbons représentent une branche de la dynastie des Capétiens. Elle accède au trône de France en 1589 avec Henri IV, roi de Navarre; elle est issue du père de celui-ci, Antoine de Bourbon, descendant en huitième génération de Robert, fils du roi Saint Louis.

Les Bourbons règnent de 1589 à 1792 et de 1814 à 1830, donnant sept rois à la France. Louis XIII et Louis XIV mettent en place un système de gouvernement absolutiste, qui est emporté par la Révolution française de 1789, au cours de laquelle le roi Louis XVI est renversé et exécuté.

Cependant, la dynastie survit à travers les frères du roi défunt et lors de la Restauration en 1814 —après l'intermède révolutionnaire et napoléonien— Louis XVIII et Charles X règnent à leur tour.

Après la Révolution de 1830 et l'abdication de Charles X, la couronne passe à la branche des Orléans. La branche française des Bourbons s'éteint en 1883 à la mort du comte de Chambord, petit-fils du dernier roi Charles X, mais la dynastie bourbonne connaît de nombreuses ramifications et se poursuit dans d'autres pays, par exemple en Espagne jusqu'à nos jours.

Louis XV.

LA GENEALOGIE DES BOURBONS

HENRI IV
1553-1610
roi de Navarre (1572-1610)
roi de France (1589-1610)

ép.1, en 1572, Marguerite,
fille du roi de France Henri II
(mariage annulé en 1599)

sans descendance

ép.2, en 1600, Marie de Médicis,
fille du grand-duc de Toscane François
(morte en 1642)

(+ 9 enfants naturels)
-voir ci-dessous p.96-

LOUIS XIII le Juste
1601-1643
roi de France (1610-1643)
ép. en 1615,
Anne d'Autriche, fille du roi
d'Espagne Philippe III
(morte en 1666)

Elisabeth
1602-1644
ép. en 1615,
Philippe IV,
roi d'Espagne
(mort en 1665)
→ Rois d'Espagne

Christine
1606-1663
ép. en 1619,
Victor-Amédée 1er,
duc de Savoie
(mort en 1637)
→ Ducs de Savoie

Nicolas
1607-1611

Gaston
1608-1660
duc d'Orléans

Henriette
1609-1669
ép. en 1625,
Charles 1er,
roi d'Angleterre
(mort en 1649)
→ Rois d'Angleterre

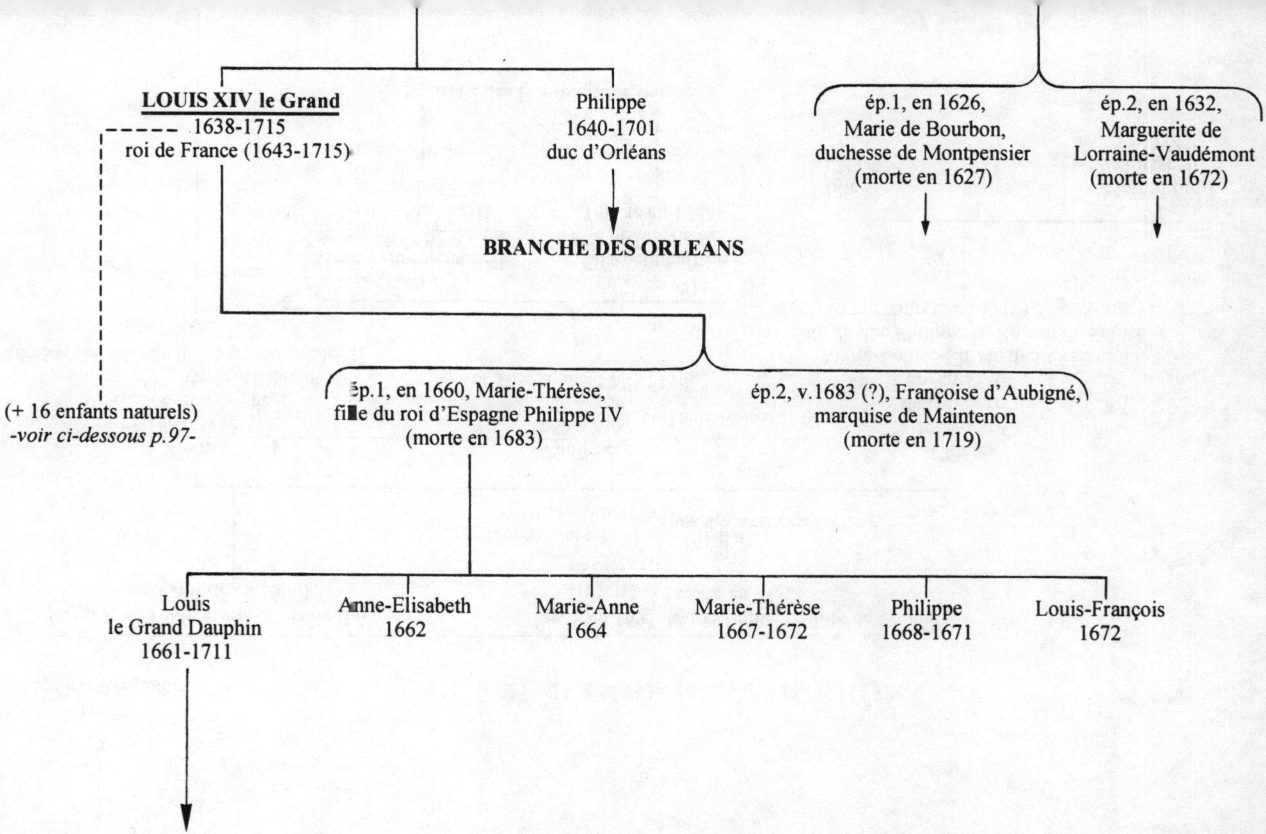
LOUIS XIV le Grand
1638-1715
roi de France (1643-1715)
Philippe
1640-1701
duc d'Orléans
ép.1, en 1626,
Marie de Bourbon,
duchesse de Montpensier
(morte en 1627)
ép.2, en 1632,
Marguerite de
Lorraine-Vaudémont
(morte en 1672)
BRANCHE DES ORLEANS
(+ 16 enfants naturels)
-voir ci-dessous p.97-
ép.1, en 1660, Marie-Thérèse,
fille du roi d'Espagne Philippe IV
(morte en 1683)
ép.2, v.1683 (?), Françoise d'Aubigné,
marquise de Maintenon
(morte en 1719)
Louis
le Grand Dauphin
1661-1711
Anne-Elisabeth
1662
Marie-Anne
1664
Marie-Thérèse
1667-1672
Philippe
1668-1671
Louis-François
1672

Louis
le Grand Dauphin

- ép.1, en 1680, Marie-Anne de Bavière (morte en 1690)
  - Louis
    1682-1712
    duc de Bourgogne
    ép. en 1697, Marie-Adélaïde de Savoie, fille du duc Victor-Amédée II (morte en 1712)
  - Philippe
    1683-1746
    duc d'Anjou
    roi d'Espagne (1700-1746)
    - ép.1, en 1701, Marie-Louise-Gabrielle de Savoie, fille du duc Victor-Amédée II (morte en 1714) → Dynastie des Bourbons d'Espagne
    - ép.2, en 1714, Elisabeth Farnèse, fille du duc de Parme (morte en 1766) → Dynastie des Bourbons d'Espagne
  - Charles
    1686-1714
    duc de Berry
    ép. en 1710, Marie-Louise-Elisabeth d'Orléans, fille du duc Philippe II, Régent de France (morte en 1719)
    - 1 fille ? 1711
    - Charles 1713
    - Marie-Louise-Elisabeth 1714
- ép.2, en 1695, Marie-Emilie de Joly de Choin (morte en 1732)
  - sans descendance

1 fils ?
1704-1705

Louis
1707-1712

LOUIS XV le Bien-Aimé
1710-1774
roi de France (1715-1774)
ép. en 1725,
Marie Leszczynska, fille du roi
de Pologne Stanislas
(morte en 1768)

(+ 8 enfants naturels)
-voir ci-dessous p.98-

Louise-Elisabeth
1727-1759
ép. en 1739,
Philippe
de Bourbon,
infant d'Espagne,
fils du roi Philippe V
(mort en 1765)
→ Ducs de Parme

Anne-Henriette
1727-1752
(jumelle de
la précédente)

Marie-Louise
1728-1733

Louis de France
1729-1765

Philippe-Louis
1730-1733

Marie-Adélaïde
1732-1800

Victoire
1733-1799

Sophie
1734-1782

Thérèse-Félicité
1736-1744

Louise
1737-1787
religieuse
à Saint-Denis

Louis de France

ép.1, en 1745, Marie-Thérèse, infante d'Espagne, fille du roi Philippe V (morte en 1746)

- Marie-Thérèse 1746-1748

ép.2, en 1747, Marie-Josèphe de Saxe, fille du roi de Pologne Frédéric-Auguste II (morte en 1767)

- Marie-Zéphirine 1750-1755
- Louis-Joseph-Xavier 1751-1761
- Xavier-Marie-Joseph 1753-1754
- **LOUIS XVI** 1754-1793 roi de France (1774-1792) ép. en 1770, Marie-Antoinette d'Autriche, fille de l'empereur François 1er (morte en 1793)
- **LOUIS XVIII** 1755-1824 roi de France (1814-1815 et 1815-1824) ép. en 1771, Marie-Josèphe-Louise de Savoie (morte en 1810)
  - sans descendance
- **CHARLES X** 1757-1836 roi de France (1824-1830) ép. en 1773, Marie-Thérèse de Savoie, fille du roi de Sardaigne Victor-Amédée III (morte en 1805)
- Clotilde 1759-1802 ép. en 1775, Charles-Emmanuel II, prince de Piémont roi de Sardaigne (mort en 1819)
- Elisabeth 1764-1794

Marie-Thérèse
1778-1851

Louis-Joseph
1781-1789

Louis (XVII)
1785-1795

Sophie
1786-1787

Louis-Antoine
1775-1844
duc d'Angoulême

Sophie
1776-1783

Charles-Ferdinand
1778-1820
duc de Berry
ép. en 1816,
Marie-Caroline,
princesse des Deux-Siciles
(morte en 1870)

1 fille ?
1783

Marie-Thérèse — ép. en 1799 — Louis-Antoine, duc d'Angoulême

sans descendance

Louise-Isabelle
1817

Louis
1818

Louise-Marie-Thérèse
1819-1864
ép. en 1845,
Charles III, duc de Parme
(mort en 1854)

→ Ducs de Parme et
Grands-Ducs de Luxembourg

Henri (V)
1820-1883
duc de Bordeaux
comte de Chambord
ép. en 1846,
Marie-Thérèse,
princesse de Modène
(morte en 1886)

sans descendance

**FIN DE LA BRANCHE
AINEE DES BOURBONS**

LA DESCENDANCE ILLEGITIME DES BOURBONS

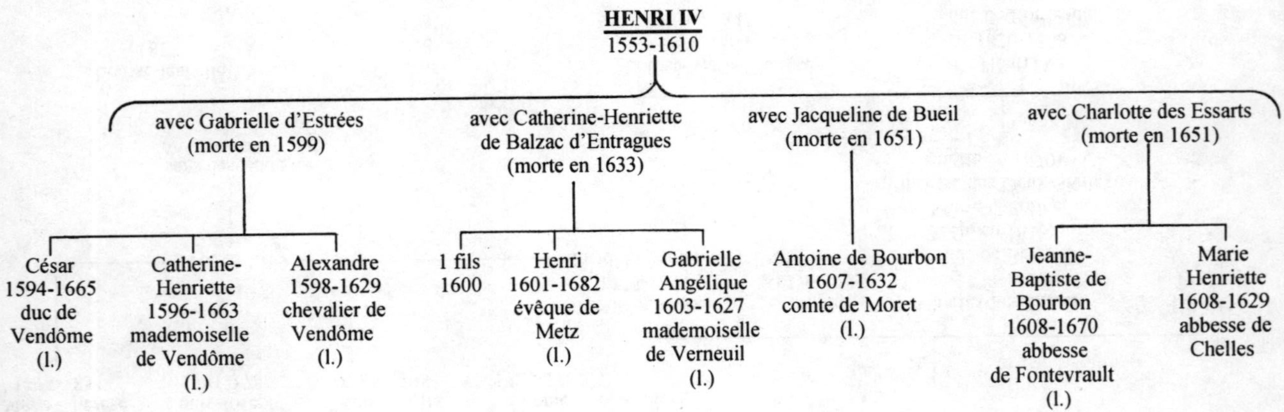

LOUIS XIV
1638-1715

- avec Louise de la Vallière (morte en 1710)
  - Charles, 1663-mort jeune
  - Philippe, 1665-1666 ?
  - Louis, 1665-1666
  - 1 fille, morte jeune
  - Marie-Anne, 1666-1739, Mademoiselle de Blois (l.)
  - Louis, 1667-1683, comte de Vermandois (l.)
- avec Françoise Athénaïs de Rochechouart de Mortemart, marquise de Montespan (morte en 1707)
  - 1 fils, 1669-mort jeune
  - 1 fille, 1669-1672
  - Louis-Auguste, 1670-1736, duc du Maine (l.)
  - Louis-César, 1672-1683, comte de Vexin (l.)
  - Louise-Françoise, 1673-1743, Mademoiselle de Nantes (l.)
  - Louise-Marie-Anne, 1674-1681, Mademoiselle de Tours (l.)
  - Françoise-Marie, 1677-1749, Mademoiselle de Blois II (l.)
  - Louis-Alexandre, 1678-1737, comte de Toulouse (l.)
- avec Claude de Vin des Œillets (morte en 1687)
  - Louise de Maisonblanche, v.1676-1718
- avec Marie-Angélique de Scorailles de Roussille, duchesse de Fontanges (morte en 1681)
  - 1 fille, 1681

N.B. : les rois Henri IV et Louis XIV ont légitimé certains de leurs enfants bâtards (l.).

LOUIS XV
1710-1774

- avec Pauline-Félicité de Nesle (morte en 1741)
  - Charles-Emmanuel de vintimille, 1741-1814, marquis du Luc
- avec Marie-Louise O'Murphy (morte en 1815)
  - Agathe-Louise de Saint-Antoine de Saint-André, 1754-1774
- avec Anne Couppier de Romans (morte en 1808)
  - Louis Aimé de Bourbon, 1762-1787, abbé
- avec Jeanne-Louise Tiercelin de la Colleterie (morte en 1779)
  - Benoît-Louis Le Duc, 1764-1837, abbé
- avec Marguerite Hainault (morte en 1823)
  - Agnès Louise de Montreuil, 1760-1837
  - Anne-Louise de la Réole, 1762-1831
- avec Lucie d'Estaing
  - Agnès-Lucie Auguste, 1761-1822
  - Aphrodite-Lucie Auguste, 1764-1819

Henri IV (1553-1610). Roi de Navarre (1572-1610), roi de France (1589-1610).

Fils d'Antoine de Bourbon et de Jeanne d'Albret, Henri IV devient à 16 ans, après la mort de Condé, chef du parti calviniste. Roi de Navarre en 1572, à la mort de sa mère, il est marié la même année à Marguerite de Valois, sœur du roi Charles IX, en signe de conciliation entre catholiques et protestants. Il échappe six jours plus tard au massacre de la Saint-Barthélémy, au prix d'une conversion forcée. En 1576, Henri de Navarre s'enfuit de la cour, abjure le catholicisme et prend la tête de l'armée protestante. Il combat contre les catholiques pendant plusieurs années. A la mort du dernier fils d'Henri II en 1584, le roi Henri III n'ayant pas d'enfant, il devient l'héritier présomptif de la couronne, ce qui déclenche une nouvelle guerre. Après l'assassinat d'Henri III aux portes de Paris, en 1589, Henri IV devient roi de France, mais son premier but est de conquérir son royaume, une partie de la population le rejetant du fait de sa religion protestante. Il doit lutter contre les Ligueurs et leur allié, Philippe II d'Espagne. Henri IV bat Mayenne, le chef de la Ligue, à Arques (1589) et à Ivry (1590) mais ne peut prendre, ni Paris, ni Rouen. Comprenant que son handicap pour se faire reconnaître par tous les Français est la religion, il finit par abjurer définitivement le protestantisme en juillet 1593 et se fait sacrer à Chartres en février 1594. Il peut ainsi faire son entrée dans Paris (mars 1594). Il doit cependant continuer à lutter contre les derniers Ligueurs, dont il obtient la soumission, et contre Philippe II d'Espagne. Henri IV est vainqueur à Fontaine-Française (1595) mais les combats dans le nord de la France durent jusqu'en 1598. Les deux rois signent alors le traité de Vervins, qui confirme celui de Cateau-Cambrésis et ramène la paix entre la France et l'Espagne. La même année, Henri IV procure la paix religieuse à un pays fatigué des combats, par l'édit de Nantes (avril), qui garantit aux protestants la liberté de conscience et de culte. A partir de 1598, s'ouvre une période de restauration de l'autorité monarchique, gravement mise à mal pendant ces 36 ans de guerre civile. Le roi montre son autorité, en s'abstenant de réunir les Etats généraux, en réduisant les prétentions des parlements, en réprimant durement toute tentative de révolte nobiliaire (le maréchal de Biron exécuté en 1602). Pour s'attacher les officiers, il promulgue l'édit de la Paulette, qui rend les charges vénales et héréditaires (1604). L'œuvre de redressement de la France touche aussi le domaine économique et financier; grâce à Sully, la situation s'améliore rapidement par une politique limitant les dépenses, favorisant l'agriculture, développant les industries et pratiquant un début de mercantilisme pour enrichir le pays. Henri IV s'attache également à développer le commerce maritime et conclut un traité avec l'Angleterre. Il encourage enfin la conquête coloniale du Canada, où Champlain fonde la ville de Québec (1608). Au point de vue extérieur, cette seconde partie du règne n'est marquée que par une courte guerre contre le duc de Savoie (1600), dont la France sort vainqueur et qui lui donne la Bresse, le Bugey, le Valromey et le pays de Gex. En 1610, Henri IV envisage une nouvelle guerre contre les Impériaux, quand il est assassiné par un fanatique, Ravaillac. En 1599, il a obtenu l'annulation de son mariage avec Marguerite de Valois et a épousé l'année suivante Marie de Médicis, dont il a eu Louis XIII et Gaston d'Orléans. Le « vert-galant » a eu également plusieurs maîtresses, dont Gabrielle d'Estrées et Henriette d'Entragues et de nombreux bâtards, qu'il a légitimés. Henri IV est resté comme le plus populaire des rois de France.

Louis XIII le Juste (1601-1643). Roi de France (1610-1643).

Fils aîné d'Henri IV et de Marie de Médicis, il succède à son père en 1610, à l'âge de neuf ans et sa mère assure la régence. Bien que déclaré majeur en 1614, Louis XIII continue d'être sous son influence et celle de son favori Concini jusqu'en 1617. La politique menée par la régente est contestée par les Grands du royaume, dont Condé, qui se soulèvent en 1614-1616. En 1617, Louis XIII montre son autorité en faisant assassiner Concini et en écartant sa mère du pouvoir. De 1617 à 1621, il laisse gouverner son favori, Luynes, et, après une guerre contre sa mère en 1619-1620, le roi se réconcilie avec elle. A partir de 1624, débute la collaboration entre Louis XIII et Richelieu qui dure jusqu'en 1642. Même si le roi est très soucieux de son autorité et si toutes les décisions sont prises avec son consentement, il laisse le cardinal gouverner. Celui-ci a trois grands buts : à l'intérieur, ruiner le parti huguenot et abaisser définitivement la noblesse factieuse au profit de l'absolutisme monarchique et, à l'extérieur, lutter contre la maison d'Autriche. Au niveau religieux, Richelieu veut remettre en cause la situation politique privilégiée obtenue par les protestants avec l'édit de Nantes. La paix de Montpellier, en 1622, après une première révolte des protestants, a déjà restreint leur potentiel militaire. La lutte reprend en 1625, elle est symbolisée par le siège puis la prise de La Rochelle en 1627-1628, les protestants recevant par cette place forte des aides de l'étranger, et en particulier de l'Angleterre. Elle s'achève par la paix d'Alès (1629), qui confirme les libertés cultuelles, mais supprime les places fortes des protestants. Contre les Grands du royaume, Richelieu réprime toute tentative de révolte, toute infraction ouverte aux édits du roi, comme la conspiration de Chalais en 1626, la rébellion de Montmorency en 1632 ou le complot du frère de Louis XIII, Gaston d'Orléans en 1642. A plusieurs reprises, la position de Richelieu se trouve menacée, mais le roi ne lui enlève jamais sa confiance, comme lors de la journée des dupes (novembre 1630). Son règne est marqué par l'avènement d'un Etat fort, centralisé et tout-puissant, intervenant dans tous les domaines (promulgation du Code Michau en 1629, création de l'Académie française en 1635). Dans le domaine extérieur, le cardinal reprend la lutte contre l'Autriche, traditionnelle adversaire depuis François 1er. Richelieu commence par conclure une alliance avec l'Angleterre contre l'Espagne (1625) mais le péril intérieur et la menace protestante l'obligent à renverser les alliances en 1627. Le problème de la succession du duché de Mantoue aboutit à une intervention militaire française dans le nord de l'Italie en 1629-1630 et à l'occupation de la Savoie. La Guerre de Trente ans fournit l'occasion à Richelieu d'intervenir directement contre les Impériaux. La France s'y engage en 1635. Débutée par des défaites (Corbie, 1636) et par des révoltes antifiscales dans une France écrasée par les impôts, la guerre permet ensuite aux Français d'occuper l'Artois et le Roussillon. Elle n'est pas terminée, mais la victoire est en vue, quand meurent Richelieu en 1642 et Louis XIII en 1643. Son règne est également marqué par la constitution d'un Empire colonial au Canada, en Afrique et dans les Antilles. Marié en 1615 à Anne d'Autriche, Louis XIII n'a un héritier qu'en 1638, le futur Louis XIV.

Louis XIV le Grand (1638-1715). Roi de France (1643-1715).

Fils aîné et successeur de Louis XIII en 1643, il n'a que cinq ans à son avènement et sa mère, Anne d'Autriche, devient régente jusqu'en 1651. En fait, c'est l'homme de confiance de celle-ci, Mazarin, qui gouverne jusqu'à sa mort, en 1661. La première préoccupation de Mazarin est de poursuivre la guerre contre les Impériaux, commencée sous Louis XIII. L'armée française est victorieuse à Rocroi (1643), conquiert la rive gauche du Rhin (1644) et gagne à Nördlingen (1645). Les traités de Wetsphalie en 1648 mettent fin à la guerre et la France obtient des points d'appui en Alsace. Mais ce conflit a entraîné des difficultés économiques et financières croissantes et Mazarin se contente d'expédients pour alimenter les caisses de l'Etat. Sa politique conduit dès 1648 à une levée d'opposition, c'est le début de la Fronde, dernière manifestation brutale et désordonnée de contestation armée à l'autorité royale, et dont l'échec assure le triomphe de la monarchie absolue. D'abord révolte des parlementaires à Paris, qui oblige la famille royale à s'enfuir (janvier 1649) et Mazarin à négocier (paix de Saint-Germain), la Fronde devient révolte des princes en 1650 et une véritable guerre civile se déclenche, d'autant plus grave que le prince de Condé s'allie avec l'Espagne, toujours en guerre. Mazarin est obligé de s'exiler à deux reprises, en 1651 et 1652 pour favoriser l'apaisement. Mais les débordements des princes et la terreur que fait régner Condé à Paris aboutissent à la victoire finale de Mazarin et du pouvoir royal. Le cardinal revient dans la capitale en février 1653, c'est la fin de la Fronde. Il ne reste plus à Louis XIV et Mazarin qu'à finir la guerre contre l'Espagne; elle se poursuit jusqu'en 1659, marquée par des combats à la frontière espagnole et dans le nord de la France, victoires et défaites se succédant. Finalement, la victoire française à la bataille des Dunes en 1658, aboutit à la signature du traité des Pyrénées (1659), qui donne à la France le Roussillon, la Cerdagne, l'Artois et de nombreuses places en Flandre. Il prévoit également le mariage de Louis XIV avec l'infante d'Espagne, Marie-Thérèse, qui est célébré en 1660. Mazarin meurt en 1661, il laisse au jeune roi un pays pacifié, des finances redressées, un pouvoir royal renforcé, l'éducation politique reçue par Louis XIV devant lui servir pour instaurer en France un régime absolutiste. Son règne personnel commence donc en 1661 et, d'une durée exceptionnelle —54 ans—marque l'histoire de France de son empreinte. Très tôt conscient de ses prérogatives royales, Louis XIV annonce dès la mort de Mazarin, qu'il ne prend plus de premier ministre, et destitue le puissant Fouquet. Le roi s'entoure de ministres, qui l'aident dans ses désirs de grandeur, tels Colbert aux finances et à la marine, Le Tellier et Louvois à la guerre, Lionne en politique extérieure, mais ils restent de simples exécutants. La noblesse est totalement annihilée et exclue des affaires politiques, surtout après l'installation de la Cour à Versailles

(1682). Les parlements sont réduits à un simple rôle d'enregistrement, les Etats généraux ne sont jamais réunis et la centralisation administrative se renforce avec les intendants. Progressivement se développe le culte de la majesté royale, le « Roi-Soleil », s'appuyant sur les théories de la monarchie de droit divin. Grâce à un essor économique important —dans le cadre d'un dirigisme étatique— et à un enrichissement certain du pays avec le colbertisme, disposant de l'armée la plus forte d'Europe, servi par de grands généraux (Condé et Turenne), Louis XIV se trouve en état de faire sa loi à l'Europe. De sa politique agressive avec l'étranger, de ses ambitions territoriales et des inquiétudes aussi des puissances européennes naissent quatre guerres pendant son règne. La guerre de Dévolution (1667-1668) contre l'Espagne aboutit à la conquête de places fortes en Flandre, dont Lille. La guerre de Hollande (1672-1678) marquée par l'invasion des Pays-Bas dégénère en coalition contre la France mais lui permet d'acquérir, aux traités de Nimègue, la Franche-Comté, l'Artois et de faire reculer les frontières du royaume au nord et à l'est. Mais la politique de « réunions » opérées par Louis XIV en pleine paix, c'est à dire l'annexion de territoires, dont Strasbourg en 1681, entraîne une seconde coalition et la guerre de la Ligue d'Augsbourg (1688-1697), dans laquelle la France tient plus difficilement tête à ses adversaires. A la paix de Ryswick, Louis XIV doit céder toutes ses acquisitions postérieures à 1679, sauf Strasbourg. L'ouverture de la succession d'Espagne provoque la dernière guerre, le roi Charles II sans héritier, ayant désigné comme son successeur le duc d'Anjou, petit-fils de Louis XIV. La guerre de Succession d'Espagne (1701-1714) est très difficile pour la France qui connaît de graves défaites, elle est même envahie par le nord et paraît sur le point de succomber, mais la victoire de Denain (1712) permet un ultime sursaut et la conclusion d'une paix, qui n'enlève à Louis XIV aucune conquête, même s'il doit céder des possessions nord-américaines (traités d'Utrecht et de Rastatt). La France sort de ces nombreuses guerres ruinée et appauvrie. En matière religieuse, Louis XIV se comporte en chef de l'Eglise de France, s'opposant au pape dans l'affaire de la Régale, persécutant les jansénistes et surtout les protestants, ce qui aboutit à la révocation de l'Edit de Nantes (1685) et à l'émigration de milliers d'entre eux. Dans le domaine culturel, Louis XIV joue le rôle de mécène, les lettres et les arts s'épanouissent grâce à la protection qu'accorde le roi à de nombreux artistes (Molière, Racine, Boileau ou Lully), à la création d'Académies et aux nombreuses constructions entreprises (Versailles). Marié à Marie-Thérèse, qu'il délaisse rapidement, Louis XIV a de nombreuses maîtresses dont Mlle de la Vallière et Mme de Montespan, dont il a de nombreux enfants, qu'il fait légitimer. Après la mort de la reine en 1683, le roi se remarie secrètement avec Mme de Maintenon. Ayant perdu à la fin de son règne, tous ses enfants et petits-enfants, c'est son seul arrière-petit-fils vivant, Louis XV, qui lui succède à sa mort en 1715.

Louis XV le Bien-Aimé (1710-1774). Roi de France (1715-1774).

Fils du duc de Bourgogne et de Marie-Adélaïde de Savoie et arrière-petit-fils de Louis XIV, Louis XV succède à ce dernier en 1715 à l'âge de cinq ans. La régence est assurée par Philippe d'Orléans, assisté par l'abbé Dubois. Les premières années de la Régence se traduisent par une réaction générale à la politique absolutiste de Louis XIV : réforme des conseils de gouvernement et instauration de la Polysynodie, restitution du droit de remontrance au Parlement, retour du Régent à Paris et développement d'une certaine liberté des mœurs. Mais, dès 1718, face aux difficultés financières et à l'incurie des conseils, le Régent revient à une politique plus autoritaire, met fin à la Polysynodie et fait appel à Law. Le système de ce financier, basé sur la Compagnie d'Occident pour l'exploitation de la Louisiane, aboutit à la création d'une banque d'Etat, mais la spéculation effrénée entraîne son échec final et un traumatisme profond dans l'opinion publique française (1720). En politique extérieure, le Régent, craignant la revendication du trône par Philippe V d'Espagne, s'allie avec l'Angleterre et la Hollande et lui déclare la guerre en 1719; la France est rapidement vainqueur et Philippe V renonce à la couronne de France. A la mort du Régent en 1723, alors que Louis XV vient d'être déclaré majeur, il laisse le gouvernement au duc de Bourbon. Celui-ci arrange le mariage du roi avec Marie Leszczynska, la fille du roi détrôné de Pologne (1725). Louis XV renvoie Bourbon en 1726 pour faire appel au cardinal Fleury, qui dirige les affaires de l'Etat jusqu'en 1743. Par une politique modérée et de stricte économie, celui-ci parvient à redresser les finances de l'Etat et à ramener la prospérité dans le royaume, mais il doit faire face à une renaissance de l'agitation parlementaire, en particulier sur la question religieuse. Malgré son désir de paix, Fleury doit engager la France dans la guerre de Succession de Pologne pour soutenir le beau-père du roi (1733-1738). C'est un échec, mais Stanislas Leszczynski reçoit la Lorraine à titre viager. A la mort de Fleury, en 1743, Louis XV annonce son intention de gouverner désormais par lui-même; en réalité, il ne fit jamais vraiment son métier de roi et laissa gouverner ses ministres, entretenant les rivalités, tombant sous l'influence de ses maîtresses (Mme de Pompadour) et passant son temps dans les plaisirs. Le roi engage le pays dans la guerre de Succession d'Autriche en 1741, mais, malgré des victoires, rend toutes ses conquêtes au traité d'Aix-la-Chapelle (1748). A partir de 1749, la situation financière se dégrade à nouveau et le contrôleur général Machaut d'Arnouville crée l'impôt du vingtième. C'est une deuxième partie du règne qui s'ouvre, le roi n'est plus le « Bien-Aimé », les nouvelles idées critiques des Lumières font leur chemin —Louis XV condamne *L'Encyclopédie*—, les parlements s'opposent à nouveau à la volonté du roi (querelle des billets de confession de 1752 à 1756). Celui-ci, après avoir négocié un renversement des alliances, engage le pays dans une nouvelle guerre, la guerre de Sept ans (1756-1763). Cette dernière est désastreuse pour la France qui doit céder à l'Angleterre presque tout son empire colonial. La fin du règne de Louis XV est marqué par une nouvelle agitation parlementaire, que le roi tente de briser en soutenant la réforme judiciaire de Maupeou (1771). Il laisse un royaume exsangue et une institution monarchique très affaiblie. C'est sous son règne que le pays s'agrandit de deux nouvelles provinces, la Lorraine en 1766 et la Corse en 1768. De son mariage avec Marie Leszczynska, Louis

XV a eu deux fils, qui meurent avant lui et c'est son petit-fils, Louis XVI, qui lui succède à sa mort en 1774.

Louis XVI (1754-1793). Roi de France (1774-1792).

Troisième fils du dauphin Louis et de Marie-Josèphe de Saxe et petit-fils de Louis XV, il devient l'héritier du trône à la mort de son père en 1765, ses deux frères aînés étant déjà décédés. Marié en 1770 à Marie-Antoinette d'Autriche, Louis XVI succède à son grand-père en 1774. Il hérite d'une situation financière difficile et d'une image de la monarchie fortement dégradée. Animé des meilleures intentions, ayant le souci de faire le bien de son peuple, cultivé et instruit, ouvert aux idées des Lumières, Louis XVI n'est cependant pas l'homme de la situation; manquant d'autorité, de caractère faible et irrésolu, sensible aux influences parfois néfastes, il se perd par son indécision et les contradictions de sa conduite. Dès le début de son règne, comprenant le besoin de réformes, il rappelle les parlements et s'entoure de ministres réformistes. Turgot tente une réforme importante, marquée par la création d'un impôt payable par tous et la libération du commerce des grains. Mais, devant l'opposition des parlements et de la Cour, face à l'augmentation du prix des céréales qui entraîne la « guerre des farines », Louis XVI sacrifie Turgot en 1776. Par la suite, plus aucune réforme n'est possible; ni Necker, ni Calonne ne peuvent changer le cours des choses. La décision de Louis XVI d'engager la France dans la guerre d'Indépendance américaine aux côtés des *Insurgents* (1780-1783) entraîne une nouvelle dégradation de la situation financière, par le recours à des emprunts. En 1787, Loménie de Brienne soumet vainement au Parlement un nouveau projet de réforme fiscale. Finalement, cédant devant l'hostilité des parlementaires (troubles à Rennes et Grenoble), Louis XVI convoque les Etats généraux en 1788. Leur réunion à Versailles le 5 mai 1789 est considérée comme le début de la Révolution française. Le conflit, qui s'établit dès le début entre le roi et le Tiers état sur le mode de vote, aboutit à la rupture et à la transformation des Etats généraux en Assemblée nationale dès le mois de juin 1789; celle-ci se dote bientôt de pouvoirs constituants : c'est la première défaite de la monarchie et la fin de l'absolutisme. Par son attitude ambigüe —renvoi du ministre Necker, arrivée de troupes dans Paris—, Louis XVI est à l'origine de la révolte populaire du 14 juillet, qui aboutit à la prise de la Bastille, puis des journées d'octobre 1789, à l'issue desquelles les Parisiens ramènent la famille royale à Paris. L'assemblée constituante établit progressivement dans les faits une monarchie constitutionnelle et met fin au système social de l'Ancien régime (abolition des privilèges le 4 août 1789, vote de la Déclaration des Droits de l'homme et du citoyen le 26 août 1789). Paraissant s'accommoder de cette évolution, Louis XVI a en fait du mal à accepter la perte de son pouvoir absolu; le vote de la Constitution civile du clergé (juillet 1790) le renforce dans son attitude de défiance vis à vis du nouveau régime. Comptant sur le secours de troupes étrangères fidèles et des nobles émigrés, le roi décide finalement de s'enfuir en juin 1791. Rattrapé à Varennes, rétabli par une assemblée modérée et soucieuse de préserver la monarchie constitutionnelle, Louis XVI perd progressivement ses derniers soutiens, même s'il jure fidélité à la Constitution en septembre 1791. Le fonctionnement de celle-ci n'aboutit qu'à des conflits répétés entre l'Assemblée législative et le roi, qui dispose du droit de veto. Le déclenchement de la guerre contre l'Autriche (avril 1792), que le roi appelle de ses vœux, espérant qu'une défaite française lui rendrait son pouvoir, achève de le discréditer. Les défaites des armées révolutionnaires, l'envoi du menaçant manifeste de Brunswick aux Parisiens témoignant des tractations secrètes du roi avec les souverains étrangers, entraînent l'insurrection parisienne du 10 août 1792, qui met fin à la monarchie constitutionnelle. Louis XVI est suspendu de ses fonctions, destitué et enfermé au Temple avec sa famille. La Convention nationale, réunie en septembre 1792, abolit la royauté, proclame la République, puis décide de juger le roi. Reconnu coupable de conspiration et de trahison, Louis XVI est condamné à mort et décapité le 21 janvier 1793. La monarchie a cessé d'exister, mais Louis XVI laisse un fils emprisonné au Temple, Louis (XVII), et deux frères , les comtes de Provence et d'Artois, émigrés à l'étranger.

Louis XVIII (1755-1824). Roi de France (1814-1815 et 1815-1824).

Petit-fils de Louis XV et frère cadet de Louis XVI, connu d'abord sous le nom de comte de Provence, il émigre à l'étranger en 1791 au début de la Révolution. Louis XVIII prend le titre de roi à la mort de son neveu, Louis (XVII) au Temple en 1795. Il travaille à une restauration monarchique, mais les victoires militaires de la Révolution, puis l'arrivée au pouvoir de Bonaparte et la proclamation de l'Empire en 1804 le font tomber dans l'oubli. Il doit attendre les premières défaites de Napoléon 1er pour reprendre une activité diplomatique. Il devient enfin roi après l'abdication de l'empereur en avril 1814 : c'est la première Restauration. Le 4 juin, il promulgue la Charte, qui institue une monarchie constitutionnelle et consacre les principales conquêtes politiques et sociales de la Révolution. Le retour de Napoléon 1er en mars 1815 l'oblige à s'enfuir à Gand, où il passe la période des Cent-Jours. Il reprend le pouvoir après la défaite de Napoléon 1er à Waterloo et sa seconde abdication (juillet 1815). Au second traité de Paris (novembre 1815), les alliés ramènent la France à ses frontières de 1790 et décident une occupation militaire (qui dure jusqu'en 1818). La seconde Restauration, avec l'élection d'une assemblée à majorité ultra-royaliste, la « Chambre introuvable », en août 1815, traduit une réaction royaliste violente qu'on a appelée la Terreur blanche, mais Louis XVIII réussit à la contenir en dissolvant la Chambre en septembre 1816 et en soutenant la politique modérée des ministères Richelieu et Decazes (adoption de grandes lois libérales). Après l'assassinat du duc de Berry, neveu du roi, en 1820, une nouvelle réaction royaliste a lieu, caractérisée par l'avènement de ministère Villèle (1821). Des lois restreignant la liberté individuelle et le corps électoral et rétablissant la censure sont votées en 1820-1822. Louis XVIII meurt en 1824, sans descendance, et la couronne passe à son frère Charles X.

Charles X (1757-1836). Roi de France (1824-1830).

Frère cadet des rois Louis XVI et Louis XVIII, il est d'abord connu sous le nom de comte d'Artois. Il émigre dès le début de la Révolution en 1789, et essaye de soulever les cours européennes contre le nouveau régime; il tente lui-même un débarquement à l'île d'Yeu en 1795. Il passe toute la période napoléonienne en Angleterre et rentre en France en 1814, à la Restauration. Charles X devient roi de France en 1824 à la mort de son frère Louis XVIII. Il laisse le ministère Villèle gouverner, mais celui-ci se rend impopulaire par des mesures réactionnaires (vote de la loi du milliard des émigrés en 1825). Moins accomodant que son frère, le roi ne tient pas compte des progrès de l'opposition libérale et donne l'impression de vouloir revenir à l'Ancien Régime. Après la chute du ministère Villèle et l'échec du ministère modéré de Martignac, Charles X confie le gouvernement à l'ultra-royaliste Polignac, ce qui apparait comme une provocation (1829). Malgré l'Adresse des 221 (députés), qui rappellent au roi les principes de la Charte (mars 1830), celui-ci fait paraître les Quatre ordonnances du 25 juillet, qui restreignent le droit de vote et la liberté de la presse et dissolvent l'assemblée. Elles entraînent un soulèvement populaire les 27, 28 et 29 juillet 1830, les «Trois Glorieuses», qui aboutissent à l'abdication de Charles X. Sous son règne, dans le domaine extérieur, la France est intervenue militairement en Grèce en 1827 pour soutenir sa volonté d'indépendance contre les Turcs, et a commencé la conquête coloniale de l'Algérie (prise d'Alger en juillet 1830). Après son abdication, Charles X vit en Angleterre puis en Autriche, où il meurt en 1836. Sa chute marque la fin de la branche française des Bourbons.

Louis XVI.

Marie-Antoinette.

LES ORLEANS

La branche des Orléans est la dernière de la dynastie capétienne; elle accède au trône de France en 1830 et son unique représentant est Louis-Philippe 1er, le dernier roi qu'a connu notre pays. Elle est issue de Philippe, duc d'Orléans et frère du roi Louis XIV, ascendant en cinquième génération du roi Louis-Philippe 1er.

Le règne de celui-ci dure dix-huit ans, de 1830 à 1848 et est connu sous le nom de Monarchie de Juillet.

La Révolution de 1848 et l'abdication du roi mettent définitivement fin à la monarchie française et à la dynastie des Capétiens.

Le descendant du roi Louis-Philippe 1er, Henri, comte de Paris, né en 1908, est l'actuel chef de la maison d'Orléans et le prétendant au trône de France.

Louis-Philippe 1er.

LA GENEALOGIE DES ORLEANS

Philippe
1640-1701
duc d'Orléans, frère du roi Louis XIV

- ép.1, en 1661, Henriette-Anne d'Angleterre, fille du roi Charles 1er (morte en 1670)
  - Marie-Louise, 1662-1689, ép. en 1679, Charles II, roi d'Espagne (mort en 1700)
    - sans descendance
  - Philippe-Charles, 1664-1666
  - 1 fille, 1665
  - 1 fils, 1667
  - Anne-Marie, 1669-1728, ép. en 1684, Victor-Amédée II, duc de Savoie roi de Sardaigne (mort en 1732)
    - → Rois de Sardaigne
- ép.2, en 1671, Elisabeth-Charlotte, fille de Charles-Louis de Bavière «la Palatine » (morte en 1722)
  - Alexandre-Louis, 1673-1676
  - Philippe II d'Orléans, 1674-1723, « le Régent », ép. en 1692, Françoise-Marie, fille légitimée de Louis XIV et de Mme de Montespan (morte en 1749)
  - Elisabeth-Charlotte, 1676-1744, ép. en 1698, Léopold-Joseph-Charles, duc de Lorraine et de Bar (mort en 1729)
    - → Maison des Habsbourg-Lorraine

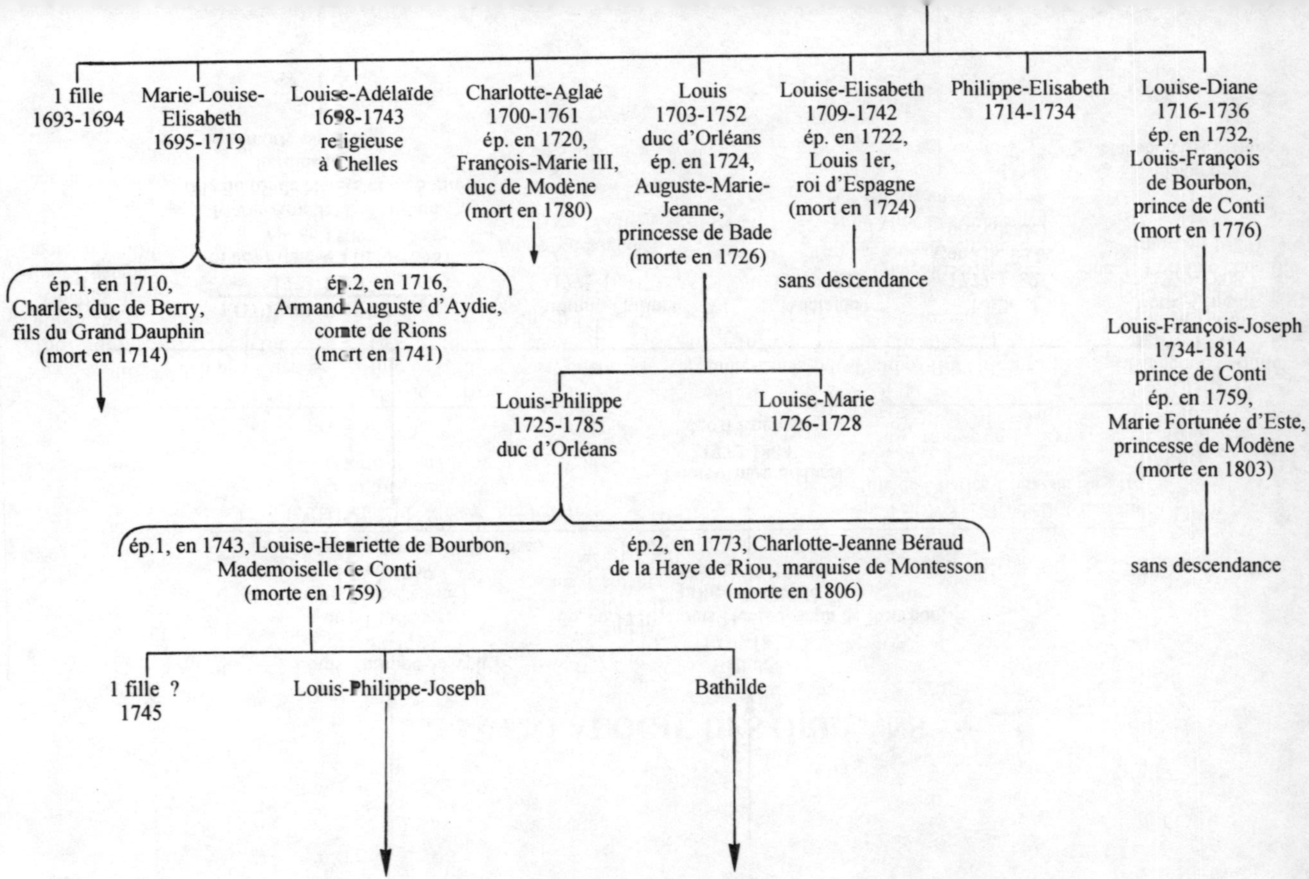
1 fille
1693-1694
Marie-Louise-
Elisabeth
1695-1719
Louise-Adélaïde
1698-1743
religieuse
à Chelles
Charlotte-Aglaé
1700-1761
ép. en 1720,
François-Marie III,
duc de Modène
(mort en 1780)
Louis
1703-1752
duc d'Orléans
ép. en 1724,
Auguste-Marie-
Jeanne,
princesse de Bade
(morte en 1726)
Louise-Elisabeth
1709-1742
ép. en 1722,
Louis 1er,
roi d'Espagne
(mort en 1724)
Philippe-Elisabeth
1714-1734
Louise-Diane
1716-1736
ép. en 1732,
Louis-François
de Bourbon,
prince de Conti
(mort en 1776)
ép.1, en 1710,
Charles, duc de Berry,
fils du Grand Dauphin
(mort en 1714)
ép.2, en 1716,
Armand-Auguste d'Aydie,
comte de Rions
(mort en 1741)
sans descendance
Louis-François-Joseph
1734-1814
prince de Conti
ép. en 1759,
Marie Fortunée d'Este,
princesse de Modène
(morte en 1803)
Louis-Philippe
1725-1785
duc d'Orléans
Louise-Marie
1726-1728
ép.1, en 1743, Louise-Henriette de Bourbon,
Mademoiselle de Conti
(morte en 1759)
ép.2, en 1773, Charlotte-Jeanne Béraud
de la Haye de Riou, marquise de Montesson
(morte en 1806)
sans descendance
1 fille ?
1745
Louis-Philippe-Joseph
Bathilde

Louis-Philippe-Joseph
1747-1793
duc d'Orléans,
« Philippe-Egalité »
ép. en 1769,
Louise-Marie-Adélaïde de Bourbon
(séparés en 1792)

Bathilde
1750-1822
ép. en 1770, Louis-Henri-Joseph de Bourbon,
prince de Condé
(séparés en 1780)

Louis-Antoine-Henri
1772-1804
duc d'Enghien

1 fille
1771

LOUIS-PHILIPPE 1er
1773-1850
roi des Français (1830-1848)
ép. en 1809,
Marie-Amélie de Bourbon,
fille du roi de Naples et de Sicile
Ferdinand IV
(morte en 1866)

Antoine-Philippe
1775-1807

Adélaïde
1777-1847

1 fille ?
1777-1782
(jumelle de la
précédente)

Louis-Charles
1779-1808

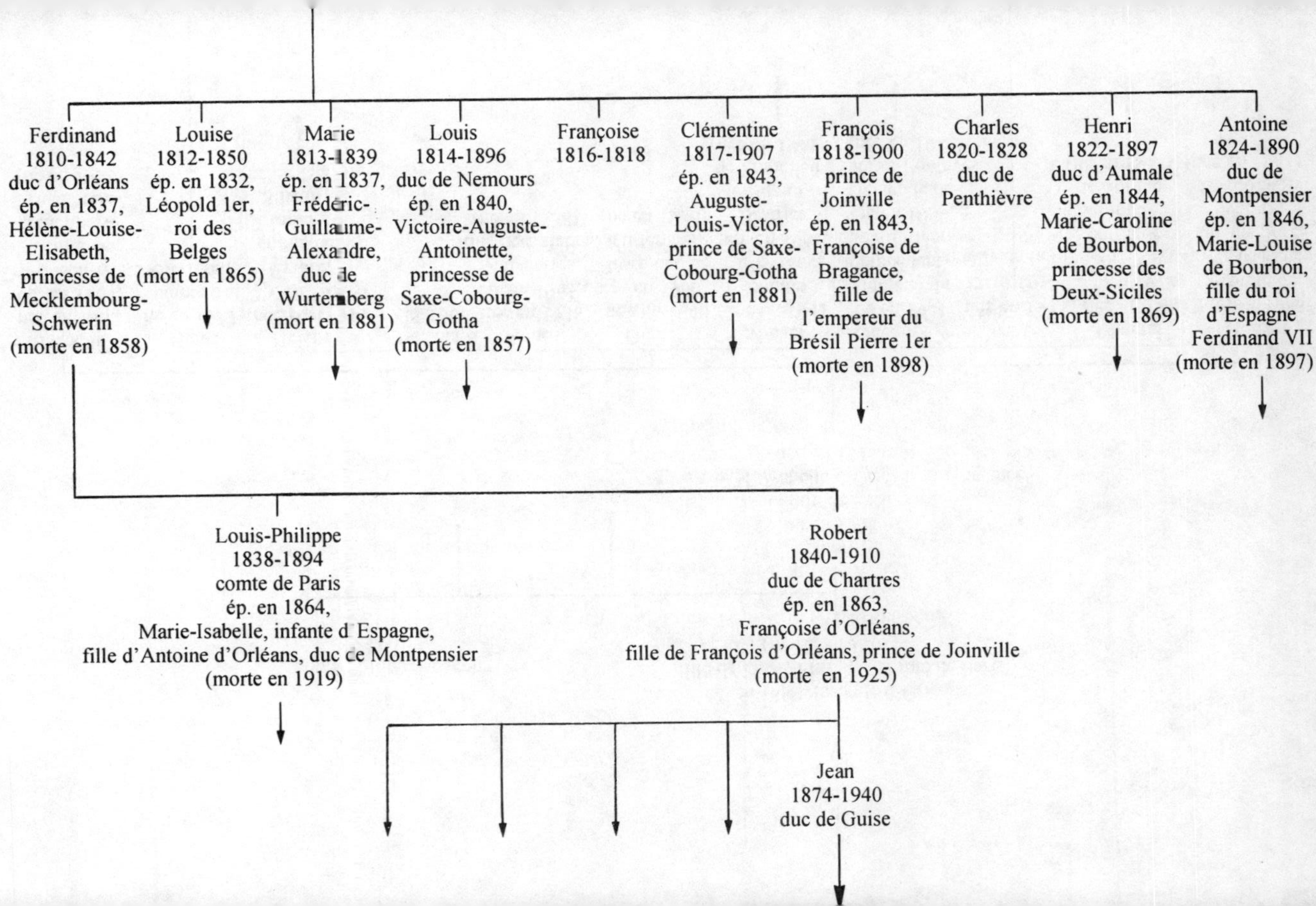
Ferdinand
1810-1842
duc d'Orléans
ép. en 1837,
Hélène-Louise-Elisabeth,
princesse de Mecklembourg-Schwerin
(morte en 1858)
Louise
1812-1850
ép. en 1832,
Léopold 1er,
roi des Belges
(mort en 1865)
Marie
1813-1839
ép. en 1837,
Frédéric-Guillaume-Alexandre,
duc de Wurtemberg
(mort en 1881)
Louis
1814-1896
duc de Nemours
ép. en 1840,
Victoire-Auguste-Antoinette,
princesse de Saxe-Cobourg-Gotha
(morte en 1857)
Françoise
1816-1818
Clémentine
1817-1907
ép. en 1843,
Auguste-Louis-Victor,
prince de Saxe-Cobourg-Gotha
(mort en 1881)
François
1818-1900
prince de Joinville
ép. en 1843,
Françoise de Bragance,
fille de l'empereur du Brésil Pierre 1er
(morte en 1898)
Charles
1820-1828
duc de Penthièvre
Henri
1822-1897
duc d'Aumale
ép. en 1844,
Marie-Caroline de Bourbon,
princesse des Deux-Siciles
(morte en 1869)
Antoine
1824-1890
duc de Montpensier
ép. en 1846,
Marie-Louise de Bourbon,
fille du roi d'Espagne Ferdinand VII
(morte en 1897)
Louis-Philippe
1838-1894
comte de Paris
ép. en 1864,
Marie-Isabelle, infante d'Espagne,
fille d'Antoine d'Orléans, duc de Montpensier
(morte en 1919)
Robert
1840-1910
duc de Chartres
ép. en 1863,
Françoise d'Orléans,
fille de François d'Orléans, prince de Joinville
(morte en 1925)
Jean
1874-1940
duc de Guise

Jean
ép. en 1899, Isabelle d'Orléans,
fille de Louis-Philippe, comte de Paris
(morte en 1961)

Henri
né en 1908
comte de Paris
ép. en 1931, Isabelle d'Orléans et Bragance
(née en 1911)

Isabelle
née en 1932
ép. en 1964,
Friedriech-Karl,
comte de
Schönborn-
Buchheim
(né en 1938)

Henri
né en 1933
comte de
Clermont

Hélène
née en 1934
ép. en 1957,
Evrard,
comte de
Limburg-
Stirum
(né en 1927)

François
1935-1960

Anne
née en 1938
ép. en 1965,
Don Carlos,
duc de Calabre
(né en 1938)

Diane
née en 1940
ép. en 1960,
Carl, duc de
Wurtemberg
(né en 1936)

Michel
né en 1941
comte
d'Evreux
ép. en 1967,
Béatrice
Pasquier
de Franclieu
(née en 1941)

Jacques
né en 1941
(jumeau du
précédent)
duc d'Orléans
ép. en 1969,
Gersende de
Sabran-Pontevès
(née en 1942)

Claude
née en 1943

Chantal
née en 1946
ép. en 1972
François-Xavier,
baron de
Sambucy
de Sorgue
(né en 1943)

Thibaut
1948-1983
comte de
la Marche
ép. en 1972,
Marion
Gordon-Orr
(née en 1941)

ép.1, en 1957,
Marie-Thérèse,
duchesse de Wurtemberg
(divorcés en 1984)

ép.2, en 1984,
Micaela Cousino,
duchesse de Joinville
(née en 1938)

ép.1, en 1964,
Amadeo,
duc d'Aoste
(divorcés en 1982)

ép.2, en 1982,
Arnaldo Lacagnina
(né en 1929)

Marie
née en 1959
ép. en 1989,
Gundakar de
Liechtenstein
(né en 1949)

François
né en 1961

Blanche
née en 1962

Jean
né en 1965
duc de Vendôme

Eudes
né en 1968
duc d'Angoulême

Léopoldine
née en 1990

Maria-Immaculata
née en 1991

Johann-Wenceslas
né en 1993

Marguerite
née en 1995

Louis-Philippe 1er (1773-1850). Roi des Français (1830-1848).

Fils aîné du duc d'Orléans « Philippe-Egalité », il est le chef de la branche cadette des Bourbons, issue de Philippe d'Orléans, frère du roi Louis XIV. En 1789, il accueille avec enthousiasme la Révolution, prend part aux batailles de 1792-1793, mais passe à l'ennemi après la défaite de Neerwinden (mars 1793). Il se réfugie en Suisse, puis parcourt ensuite divers pays (Allemagne, Scandinavie, Etats-Unis, Angleterre, Sicile). Il rentre en France lors de la Restauration (1814), mais reste en froid avec les Bourbons, qui voient d'un mauvais œil ses idées avancées. Il fréquente les milieux de la bourgeoisie possédante, dont il représente l'espoir. La révolution de 1830, qui renverse son cousin Charles X, le pousse sur le trône. Proclamé lieutenant général du royaume, il accepte la couronne, prête serment à la Charte révisée et devient roi des Français début août. Le règne de Louis-Philippe 1er met en place une véritable monarchie constitutionnelle, mais il est surtout favorable à la bourgeoisie d'affaires, à une époque oủ la France commence sa révolution industrielle. Les premières années du règne sont troublées par une opposition légitimiste, symbolisée par l'équipée de la duchesse de Berry en 1832; par des insurrections républicaines (à Paris en 1832, 1834 et 1839); par les tentatives infructueuses de soulèvement de Louis-Napoléon Bonaparte (1836 et 1840); par des mouvements sociaux (révolte des canuts lyonnais en 1832, mouvement des ouvriers parisiens en 1840) et par des attentats contre la personne du roi (1835). Louis-Philippe 1er s'appuie pour gouverner sur les conservateurs du parti de la « Résistance », tels Casimir Périer, Soult, Thiers ou Guizot. Le suffrage censitaire permet l'élection d'assemblées conformes à la politique menée par le roi, et annihile toute vélléité d'opposition. Les années 1840 sont plus tranquilles, marquées par le long ministère Guizot, la croissance économique est forte et l'enrichissement important, mais au prix d'une aggravation de la condition des ouvriers. Cependant, la politique conservatrice de Guizot, la volonté de Louis-Philippe de préserver la paix extérieure, alors que la population rêve de gloire napoléonienne et une crise économique qui secoue le pays, cristallisent les mécontentements. Contre le refus du roi et du ministre de réaliser une réforme électorale qui aurait augmenté le nombre des électeurs, l'opposition organise, à partir de juillet 1847, la Campagne des Banquets. En février 1848, l'interdiction d'un banquet à Paris dégénère en émeute et, finalement, en révolution : Louis-Philippe abdique le 24 février et s'exile en Angleterre où il meurt en 1850, la République est proclamée. C'est sous son règne qu'est continuée la conquête de l'Algérie, qui avait débuté en 1830 et qui est marquée par la lutte contre Abd-el-Kader, et que la France commence à constituer un second empire colonial (Afrique noire, îles du Pacifique). Dans le domaine intérieur, ont été prises d'importantes mesures législatives, la loi Guizot de 1833, qui organise l'enseignement primaire ou la loi de 1842, qui crée les grands réseaux de chemins de fer. Louis-Philippe 1er est le dernier roi qu'a connu la France.

LES BONAPARTE

La famille corse d'origine lombarde des Bonaparte entre dans l'histoire de France à la fin du XVIIIè siècle grâce à son plus illustre représentant Napoléon 1er.

Général victorieux de l'armée révolutionnaire de 1796 à 1799, premier consul en 1799 puis empereur des Français en 1804, Napoléon 1er rétablit un régime impérial et héréditaire. Son abdication en deux temps — en 1814 puis à nouveau en 1815 après la période des Cent-Jours— met fin à sa tentative, son fils, le roi de Rome ne lui succédant pas.

La famille Bonaparte a également donné plusieurs rois ou princes à l'Europe, parmi les frères et sœurs de Napoléon 1er.

L'un des enfants de ceux-ci, Charles-Louis-Napoléon Bonaparte, se fait élire président de la République française en 1848 après la Révolution qui met fin à la Monarchie de Juillet, puis rétablit l'Empire en 1852, en tant qu'héritier de son oncle. Napoléon III reste empereur des Français jusqu'en 1870, la défaite militaire pendant la guerre contre la Prusse ayant alors entraîné sa déchéance et la proclamation de la République.

La dynastie des Bonaparte n'a donc eu que deux représentants sur le trône de France. Aujourd'hui, le prétendant de la famille Bonaparte est Charles Napoléon Bonaparte, né en 1950.

Napoléon 1er.

LA GENEALOGIE DES BONAPARTE

Charles-Marie Bonaparte 1746-1785 —— ép. en 1764 —— Maria Letizia Ramolino 1750-1836

- Napoléon Bonaparte 1765
- Marie-Anne Bonaparte 1767
- Joseph Bonaparte 1768-1844, roi de Naples (1806-1808), roi d'Espagne (1808-1813), ép. en 1794, Julie Clary (morte en 1845)
- **NAPOLEON 1er** 1769-1821, empereur des Français (1804-1814 et 1815)
  - ép.1, en 1796, Joséphine de Tasher de la Pagerie, vicomtesse de Beauharnais (mariage annulé en 1810)
  - ép.2, en 1810, Marie-Louise d'Autriche, fille de l'empereur François 1er (morte en 1847)
- Marie-Anne Bonaparte 1771
- 1 fille ? 1773
- Lucien Bonaparte 1775-1840 *(voir descendance p.118)*
- Elisa Bonaparte 1777-1820
- Louis Bonaparte 1778-1846
- Pauline Bonaparte 1780-1825
  - ép.1, en 1797, général Leclerc (mort en 1802)
    - Louis-Napoléon 1798-1804
  - ép.2, en 1803, prince Borghèse (mort en 1832)
    - sans descendance
- Caroline Bonaparte 1782-1839 *(voir descendances p.121 à 123)*
- Jérôme Bonaparte 1784-1860

Zénaïde
Bonaparte
1796-1797

princesse
Zénaïde Bonaparte
1801-1854
ép. en 1822,
prince
Charles-Lucien
Bonaparte,
fils de Lucien
Bonaparte,
prince de Canino
(mort en 1857)

princesse
Charlotte Bonaparte
1802-1839
ép. en 1826,
prince
Napoléon-Louis
Bonaparte,
fils de Louis
Bonaparte,
roi de Hollande
(mort en 1831)

sans descendance

Napoléon II
1811-1832
roi de Rome
duc de Reichstadt

grande-duchesse
de Toscane
(1809-1814)
ép. en 1797,
Félix Bacciochi
(mort en 1841)

Félix-
Napoléon
Bacciochi
1798-1799

1 fils ?
1803

Elisa-
Napoléone
Bacciochi
1806-1869
ép. en 1825,
comte Filippo
Camerata-Passionei
di Mazzoleni
(séparés en 1832)

Napoléon-Charles-Félix
1826-1853

Jérôme-
Charles
Bacciochi
1810-1811

Frédéric-
Napoléon
Bacciochi
1814-1833

roi de Hollande
(1806-1810)
ép. en 1802,
Hortense de
Beauharnais
(mort en 1837)

prince
Napoléon-
Charles
Bonaparte
1802-1807

prince
Napoléon-
Louis
Bonaparte
1804-1831
ép. en 1826,
princesse
Charlotte Bonaparte,
fille de Joseph Bonaparte,
roi d'Espagne
(morte en 1839)

sans descendance

NAPOLEON III
1808-1873
empereur des Français
(1852-1870)
ép. en 1853,
Eugénie de Guzman
y Montijo
(morte en 1920)

prince
Napoléon-Louis
Bonaparte
1856-1879

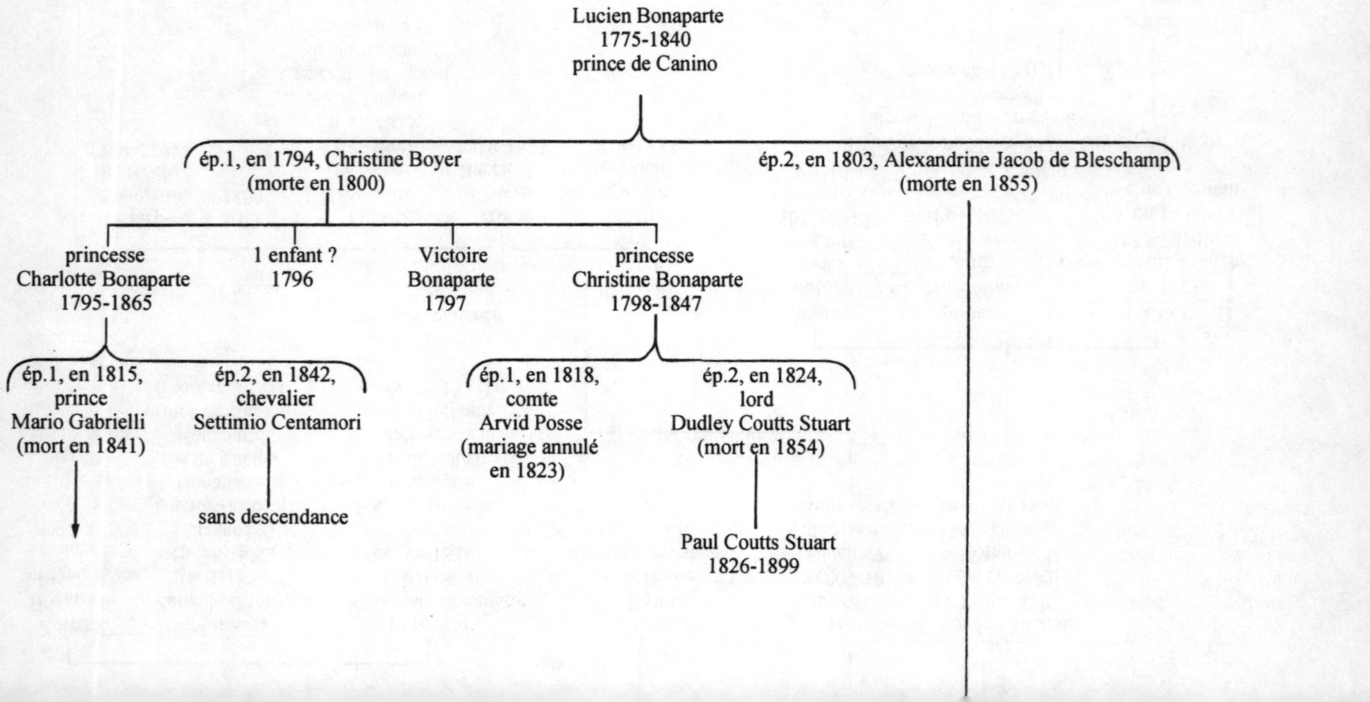
Lucien Bonaparte
1775-1840
prince de Canino
ép.1, en 1794, Christine Boyer
(morte en 1800)
ép.2, en 1803, Alexandrine Jacob de Bleschamp
(morte en 1855)
princesse
Charlotte Bonaparte
1795-1865
1 enfant ?
1796
Victoire
Bonaparte
1797
princesse
Christine Bonaparte
1798-1847
ép.1, en 1815,
prince
Mario Gabrielli
(mort en 1841)
ép.2, en 1842,
chevalier
Settimio Centamori
sans descendance
ép.1, en 1818,
comte
Arvid Posse
(mariage annulé
en 1823)
ép.2, en 1824,
lord
Dudley Coutts Stuart
(mort en 1854)
Paul Coutts Stuart
1826-1899

- prince Charles-Lucien Bonaparte 1803-1857 ép. en 1822, princesse Zénaïde Bonaparte, fille de Joseph Bonaparte, roi d'Espagne (morte en 1854) →
- princesse Laetizia Bonaparte 1804-1871 ép. en 1821, sir Thomas Wyse (mort en 1862) →
- Joseph Bonaparte 1806-1807
- princesse Jeanne Bonaparte 1807-1829 ép. en 1825, marquis Honoré Honorati (mort en 1856)
  - Clélia Honorati 1827-1886 ép. en 1847, Camillo Romagnoli di Cesena (mort en 1890)
    - sans descendance
- prince Paul Bonaparte 1809-1827
- prince Louis-Lucien Bonaparte 1813-1891 ép. en 1833, Maria-Anna Cecchi (séparés en 1850)
  - sans descendance
- prince Pierre-Napoléon Bonaparte 1815-1881 ép. en 1867, Justine-Eléonore Ruflin (morte en 1905)
  - Roland Bonaparte 1858-1924 ép. en 1880, Marie Blanc (morte en 1882)
    - Marie Bonaparte 1882-1962 ép. en 1907, prince Georges de Grèce et de Danemark (mort en 1957) →
  - Jeanne Bonaparte 1861-1910 ép. en 1881, marquis Christian de Villeneuve-Esclapon (mort en 1931) →
- prince Antoine Bonaparte 1816-1877 ép. en 1839, Maria-Anna Cardinali (morte en 1879)
  - sans descendance
- princesse Marie-Alexandrine Bonaparte 1818-1874 ép. en 1836, Vincenzo, comte Valentini di Laviano (mort en 1858) →
- princesse Constance Bonaparte 1823-1876 abbesse

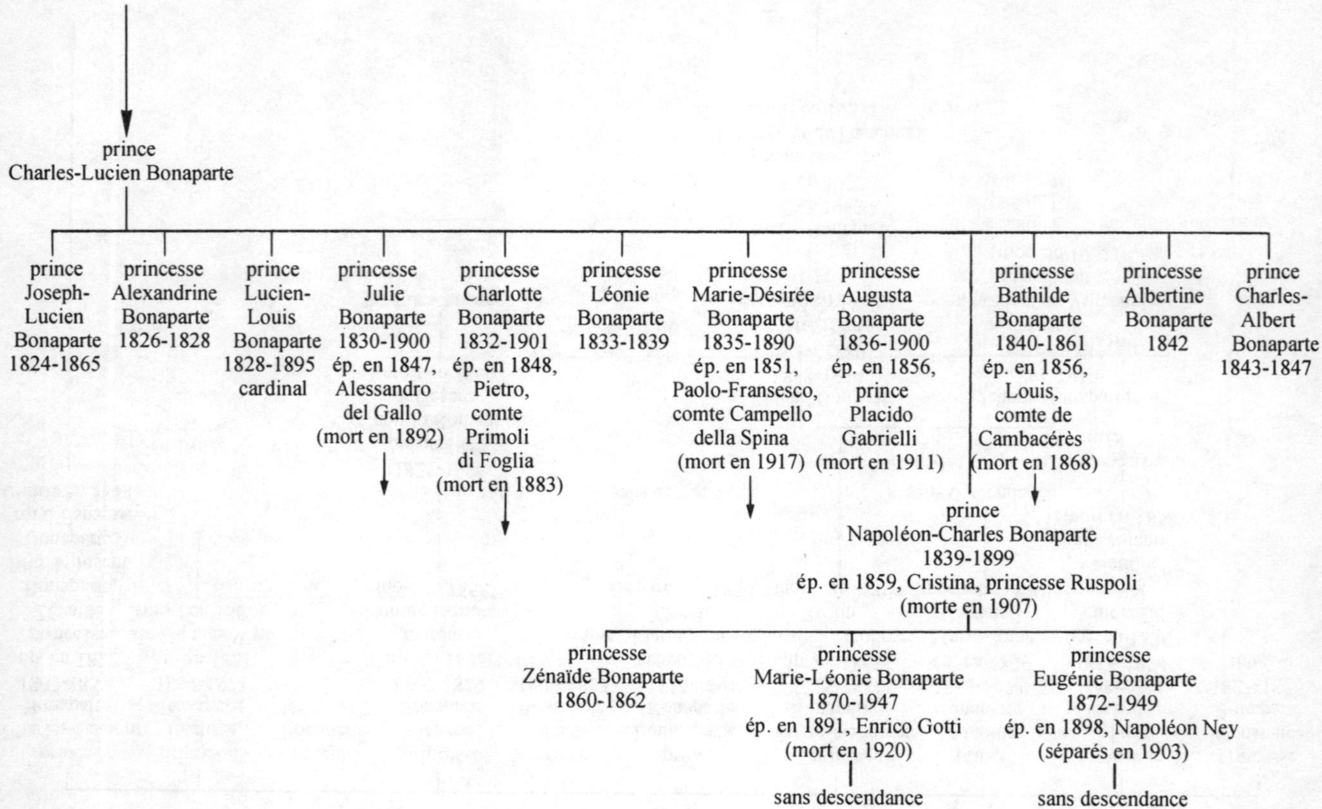
prince
Charles-Lucien Bonaparte
prince Joseph-Lucien Bonaparte 1824-1865
princesse Alexandrine Bonaparte 1826-1828
prince Lucien-Louis Bonaparte 1828-1895 cardinal
princesse Julie Bonaparte 1830-1900 ép. en 1847, Alessandro del Gallo (mort en 1892)
princesse Charlotte Bonaparte 1832-1901 ép. en 1848, Pietro, comte Primoli di Foglia (mort en 1883)
princesse Léonie Bonaparte 1833-1839
princesse Marie-Désirée Bonaparte 1835-1890 ép. en 1851, Paolo-Fransesco, comte Campello della Spina (mort en 1917)
princesse Augusta Bonaparte 1836-1900 ép. en 1856, prince Placido Gabrielli (mort en 1911)
princesse Bathilde Bonaparte 1840-1861 ép. en 1856, Louis, comte de Cambacérès (mort en 1868)
princesse Albertine Bonaparte 1842
prince Charles-Albert Bonaparte 1843-1847
prince
Napoléon-Charles Bonaparte
1839-1899
ép. en 1859, Cristina, princesse Ruspoli
(morte en 1907)
princesse Zénaïde Bonaparte 1860-1862
princesse Marie-Léonie Bonaparte 1870-1947 ép. en 1891, Enrico Gotti (mort en 1920)
sans descendance
princesse Eugénie Bonaparte 1872-1949 ép. en 1898, Napoléon Ney (séparés en 1903)
sans descendance

Caroline Bonaparte
1782-1839
reine de Naples (1808-1815)
ép. en 1800, Joachim Murat, roi de Naples
(mort en 1815)

- prince Napoléon-Achille Murat, 1801-1847, ép. en 1826, Catherine Dudley (morte en 1867)
  - sans descendance
- princesse Laetizia Murat, 1802-1859, ép. en 1823, Guido Taddeo (mort en 1852) →
- prince Lucien Murat, 1803-1878, ép. en 1831, Caroline-Géorgine Fraser (morte en 1879)
  - princesse Caroline-Laetizia Murat, 1832-1902
  - prince Joachim Murat, 1834-1901
    - ép.1, en 1854, Malcy Berthier de Wagram (morte en 1884) →
    - ép.2, en 1894, Lydia Hervey (morte en 1901)
  - princesse Anna Murat, 1841-1924
  - prince Achille Murat, 1847-1895, ép. en 1868, princesse Salomé Dadian de Mingrélie (morte en 1913) →
  - prince Louis-Napoléon Murat, 1851-1912, ép. en 1873, Eudoxie-Michaïlovna Somow (morte en 1924) →
- princesse Louise Murat, 1805-1889, ép. en 1825, Giulio, comte Rasponi (mort en 1876) →

Descendance des princes Murat

Jérôme Bonaparte
1784-1860
roi de Westphalie (1807-1813)

ép.1, en 1803, Elisabeth Patterson
(mariage annulé en 1806)

Jérôme Bonaparte-Patterson
1805-1870
ép. en 1829,
Susan-May Williams
(morte en 1881)

Jérôme Bonaparte-Patterson
1830-1893
ép. en 1871,
Caroline Appleton
(morte en 1911)

Charles-Joseph Bonaparte-Patterson
1851-1921
ép. en 1875,
Ellen Channing-Day
(morte en 1924)

sans descendance

ép.2, en 1807, Catherine deWurtemberg,
fille du roi Frédéric 1er
(morte en 1835)

prince
Jérôme Bonaparte
1814-1847

princesse
Mathilde
1820-1904
ép. en 1840,
Anatole-Nicolaïevitch
Demidoff
(séparés en 1847)

sans descendance

prince
Napoléon Joseph Charles Paul
1822-1891
ép. en 1859,
Clotilde de Savoie,
fille du roi d'Italie
Victor-Emmanuel II
(morte en 1911)

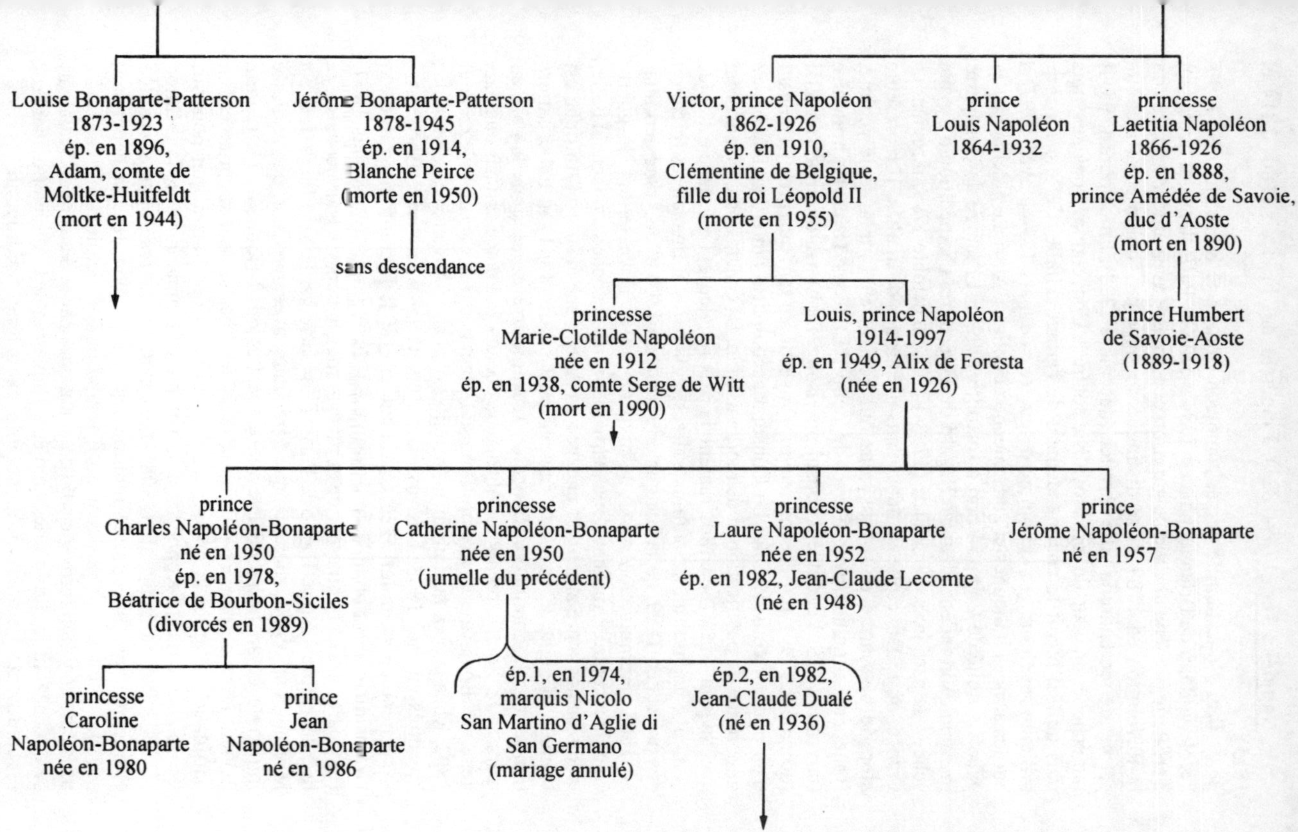
Louise Bonaparte-Patterson
1873-1923
ép. en 1896,
Adam, comte de
Moltke-Huitfeldt
(mort en 1944)
Jérôme Bonaparte-Patterson
1878-1945
ép. en 1914,
Blanche Peirce
(morte en 1950)
sans descendance
Victor, prince Napoléon
1862-1926
ép. en 1910,
Clémentine de Belgique,
fille du roi Léopold II
(morte en 1955)
prince
Louis Napoléon
1864-1932
princesse
Laetitia Napoléon
1866-1926
ép. en 1888,
prince Amédée de Savoie,
duc d'Aoste
(mort en 1890)
prince Humbert
de Savoie-Aoste
(1889-1918)
princesse
Marie-Clotilde Napoléon
née en 1912
ép. en 1938, comte Serge de Witt
(mort en 1990)
Louis, prince Napoléon
1914-1997
ép. en 1949, Alix de Foresta
(née en 1926)
prince
Charles Napoléon-Bonaparte
né en 1950
ép. en 1978,
Béatrice de Bourbon-Siciles
(divorcés en 1989)
princesse
Catherine Napoléon-Bonaparte
née en 1950
(jumelle du précédent)
princesse
Laure Napoléon-Bonaparte
née en 1952
ép. en 1982, Jean-Claude Lecomte
(né en 1948)
prince
Jérôme Napoléon-Bonaparte
né en 1957
ép.1, en 1974,
marquis Nicolo
San Martino d'Aglie di
San Germano
(mariage annulé)
ép.2, en 1982,
Jean-Claude Dualé
(né en 1936)
princesse
Caroline
Napoléon-Bonaparte
née en 1980
prince
Jean
Napoléon-Bonaparte
né en 1986

Napoléon 1er (1769-1821). Empereur des Français (1804-1814 et 1815).

Issu d'une famille corse, Napoléon Bonaparte est admis en 1779 à l'école mlitaire de Brienne, puis en 1784 à celle de Paris. Devenu lieutenant d'artillerie, il mène une vie de garnison et embrasse avec ardeur les idées de la Révolution en 1789. Il se distingue au siège de Toulon et sa tactique permet de reprendre la ville révoltée (décembre 1793). En octobre 1795, il fait échouer un coup de force royaliste contre la Convention. Quelques mois plus tard, il reçoit le commandement de l'armée d'Italie. Cette campagne militaire révèle un grand homme de guerre : de mars 1796 à avril 1797, il bat les armées italiennes et autrichienne et oblige l'Autriche à demander la paix. Le traité de Campo-Formio (octobre 1797) est l'œuvre de Bonaparte, marquant son indépendance à l'égard du Directoire. L'expédition d'Egypte achève de parfaire sa popularité (1798-1799). En octobre 1799, il revient en France, où le Directoire se débat dans d'énormes difficultés. Il représente alors le bras armé pour tous ceux qui veulent en finir avec le régime. Bonaparte organise avec Sieyès le coup d'Etat des 18 et 19 brumaire (novembre 1799) et devient consul provisoire. La Constitution de l'an VIII (décembre 1799), qui est son œuvre, l'investit, en tant que premier consul, d'un pouvoir considérable. Le Consulat accomplit à l'intérieur une œuvre importante de pacification et de réorganisation. La conclusion du Concordat avec le pape Pie VII en 1801 ramène la paix religieuse; La France est dotée de nouvelles institutions administratives, judiciaires et financières (création des préfets en 1800, de la Banque de France en 1800 et du Franc germinal en 1803, promulgation du Code civil en 1804). A l'extérieur, la guerre continue; contre l'Autriche, Bonaparte mène une seconde campagne d'Italie, tandis qu'une autre armée est engagée en Allemagne (1800) : l'Autriche est vaincue et signe le traité de Lunéville (9 février 1801). L'Italie entière tombe sous la domination française. L'Angleterre isolée signe la paix en mars 1802. Pour la première fois depuis dix ans, la France connaît une paix générale. Bonaparte en tire profit en se faisant nommer consul à vie en août 1802. Mais la paix ne dure qu'un peu plus d'un an, l'Angleterre rouvrant les hostilités en mai 1803. Les royalistes, cherchant à renverser Bonaparte, fomentent un complot avec Cadoudal en 1804. L'émotion causée est l'occasion d'une nouvelle transformation du régime : le 18 mai 1804, Bonaparte devient empereur des Français sous le nom de Napoléon 1er, et le 2 décembre à Notre-Dame de Paris, il est sacré par le pape Pie VII. C'est le retour à un régime monarchique héréditaire, avec une Cour, une noblesse impériale et un ordre de chevalerie, la Légion d'Honneur. Le régime devient alors de plus en plus autoritaire, les libertés sont supprimées, en particulier celle de la presse, les assemblées n'ont plus aucun pouvoir, l'enseignement est façonné selon la volonté de l'empereur avec la création d'une Université impériale (1808). La population ne réagit pas, surveillée étroitement par une police omniprésente. Napoléon 1er est cependant soutenu par les Français tant qu'il remporte des victoires militaires. La troisième coalition formée en 1805 est marquée par le désastre de Trafalgar, ce qui anéantit les projets de Napoléon d'invasion de l'Angleterre, mais sur le continent, l'empereur mène une campagne foudroyante (victoire d'Austerlitz en décembre 1805), l'Autriche doit signer le traité de Presbourg, qui l'ampute de territoires importants. L'Allemagne est transformée par la création de la Confédération du Rhin (juillet 1806), c'est la fin du Saint Empire romain germanique. Contre la quatrième coalition, Napoléon mène deux campagnes : la Prusse est vaincue à Iena et Auerstadt (14 octobre 1806) et perd des territoires au profit d'une Pologne recréée (Grand-duché de Varsovie), la Russie est vaincue à Friedland (14 juin 1807) et le tsar Alexandre 1er doit accepter la paix et l'alliance française (traité de Tilsitt de juillet 1807). L'Angleterre reste seule en guerre; contre elle et pour l'asphyxier économiquement, Napoléon instaure le Blocus continental en novembre 1806, mais pour le rendre plus efficace, il est obligé de tenir toutes les côtes européennes : il annexe donc le Portugal en 1807, et les Etats pontificaux en 1808. Pour ce faire, la France doit envahir l'Espagne : Napoléon renverse le roi Charles IV pour placer sur le trône son frère Joseph Bonaparte, ce qui est à l'origine d'une révolte de la population et d'une guerre longue et difficile pour l'armée française, et qui se termine par un échec. Voyant Napoléon en difficultés en Espagne, l'Autriche reprend les armes et forme avec l'Angleterre la cinquième coalition. Une intervention foudroyante de l'empereur aboutit à la victoire de Wagram (6 juillet 1809) : le traité de Vienne démembre l'Autriche mais en fait aussi un allié de la France; Napoléon, divorcant de Joséphine de Beauharnais, épouse en effet Marie-Louise d'Autriche en avril 1810. L'annexion de la Hollande en 1810 et du nord de l'Allemagne en 1811 donne à la France une extension territoriale jamais atteinte (la France des 130 départements). La naissance d'un héritier à l'empereur, le roi de Rome (mars 1811), lui assurant la succession dynastique, marque l'apogée de l'Empire napoléonien. Cependant, l'absence totale de libertés à l'intérieur du pays et les conséquences économiques et financières nées de la guerre finissent par créer un mécontentement général. Il faut ajouter à cela l'opposition du clergé et des catholiques lorsque Napoléon, en conflit avec le pape, le fait enlever de Rome en 1809 et le retient captif pendant quatre ans. En Europe, les pays vaincus commencent à relever la tête, la domination française étant de plus en plus mal acceptée et le blocus continental rejeté. En 1812, c'est la rupture avec la Russie et Napoléon se lance dans une nouvelle campagne; n'ayant pu vaincre l'armée russe, il parvient néanmoins à Moscou en septembre, mais il est contraint à la retraite, celle-ci se transforme en véritable débâcle avec le passage de la Bérézina. Cette défaite soulève tous les pays européens contre la France : une sixième coalition est formée début 1813. Obligé de lutter avec des forces diminuées contre des ennemis supérieurs en nombre, Napoléon obtient d'abord des victoires, mais est défait à Leipzig (octobre 1813), ce qui entraîne l'invasion de la France. Débute alors la campagne de France, au cours de laquelle l'empereur ne peut faire face au flot des coalisés. Ceux-ci sont à Paris en mars 1814 et Napoléon 1er doit abdiquer le 6 avril. Le traité de Paris (mai 1814) ramène la France à ses frontières de 1792, et l'empereur est relégué à l'île d'Elbe, alors que Louis XVIII monte sur le trône. Moins d'un an plus tard, Napoléon revient par surprise en France (1er mars 1815) et reprend le pouvoir. Mais cette nouvelle expérience ne dure que trois mois (les Cent-

Jours), les puissances européennes reformant une coalition contre l'empereur; la guerre reprend et aboutit à la défaite française de Waterloo (18 juin 1815). Napoléon abdique une seconde fois, et les Anglais le déportent dans une petite île de l'Atlantique, Sainte-Hélène, où il meurt en 1821. Au second traité de Paris (novembre 1815), la France est ramenée à ses frontières de 1790.

Napoléon III (1808-1873). Empereur des Français (1852-1870).

Charles-Louis-Napoléon Bonaparte est le fils de Louis Bonaparte, roi de Hollande, et le neveu de Napoléon 1er. Il vit en exil après la chute de l'Empire, et, affilié secrètement aux carbonari, participe aux mouvements révolutionnaires dans les Etats pontificaux en 1831. La mort du fils de Napoléon 1er, le duc de Reichstadt, en 1832, fait de lui le chef et l'espoir de la dynastie. A deux reprises, il essaye de renverser le roi Louis-Philippe 1er (1836 et 1840). Il est condamné, après l'échec de sa seconde tentative, à la détention perpétuelle et interné au fort de Ham. Il s'en évade en 1846 et gagne l'Angleterre. La révolution de 1848 lui rouvre le chemin de la France. Bénéficiant de la popularité et du prestige qui s'attachent alors au nom de l'empereur son oncle, Louis-Napoléon Bonaparte est élu député à l'Assemblée constituante puis, le 10 décembre 1848, président de la République avec une écrasante majorité. Habile manœuvrier, il laisse l'Assemblée se discréditer par des mesures conservatrices, et se pose en défenseur du suffrage universel. Il soigne sa popularité par des tournées en province. L'assemblée ayant rejeté une modification constitutionnelle qui aurait permis au président de se représenter, celui-ci organise le coup d'Etat du 2 décembre 1851, qui n'entraîne qu'une maigre résistance. La Constitution de janvier 1852 lui donne tout le pouvoir. Il reste au prince-président à rétablir l'Empire. Après avoir testé l'opinion française par des voyages dans tout le pays et rassuré l'Europe inquiète, Louis-Napoléon Bonaparte se proclame empereur des Français sous le nom de Napoléon III, le 2 décembre 1852. Jusqu'en 1860, c'est la période de l'Empire autoritaire : le régime dictatorial issu du coup d'Etat du 2 décembre 1851 se maintient sans changement. Malgré le rétablissement du suffrage universel, le principe de la candidature officielle annihile toute opposition, celle-ci est décapitée par la présence policière ou l'exil, la presse est contrôlée, l'université étroitement surveillée. Au niveau économique, le second Empire marque l'entrée réelle de la France dans l'ère industrielle (création de grandes banques, développement des transports, libre-échangisme, productions en forte hausse, grands travaux parisiens avec Haussmann) mais la prospérité retrouvée ne profite pas aux ouvriers, dont les conditions de travail et de vie restent très difficiles. Dans le domaine extérieur, Napoléon III ne tarde pas à reprendre les armes et fait intervenir la France à l'étranger, d'abord dans la guerre de Crimée aux côtés de l'Angleterre pour secourir l'Empire ottoman contre la Russie (1854-1856), puis en Italie pour aider le Piémont à réaliser l'unité italienne contre l'Autriche (1859). Ces interventions réussies renforcent le prestige de l'empereur, d'autant plus que la France annexe en 1860 la Savoie et Nice. A partir de 1860, face à des oppositions intérieures plus marquées —catholiques hostiles à sa politique italienne, industriels mécontents du traité de libre-échange de 1860 avec l'Angleterre, opposition républicaine renaissante, effervescence ouvrière en liaison avec la création de la première Internationale—, Napoléon III fait évoluer le régime vers un Empire libéral. Il accorde le droit d'adresse aux Chambres (1860), une loi octroie le droit de grève et de coalition aux ouvriers (1864), le régime de la presse est libéralisé et le droit de réunion accordé (1868). Ces mesures entraînent une forte progression de l'opposition aux élections de 1869 et Napoléon III proclame en avril 1870 l'Empire libéral, évolution approuvée massivement par le plébiscite du mois de mai. Mais c'est dans le domaine extérieur que l'Empire commence à connaître ses déboires les plus importants. Même si la conquête coloniale est poursuivie (Indochine, Nouvelle-Calédonie), les interventions de Napoléon III à l'étranger ne sont pas très heureuses. L'expédition du Mexique (1862-1867) n'aboutit qu'à un échec humiliant et le prestige de l'empereur en souffre grandement. Sa politique européenne, qui est de favoriser l'unité allemande au détriment de l'Autriche, aboutit à renforcer la puissance de la Prusse, d'autant plus que Napoléon III se discrédite par sa demande de compensations. Cette politique ne peut qu'amener à la confrontation entre la France et les Etats allemands, que Bismarck rêve d'unifier. L'empereur commet alors la faute, en 1870, d'engager la France, sans une préparation militaire (la loi Niel ne date que de 1868) et diplomatique suffisante, seule et sans alliés, dans une guerre contre la Prusse, derrière laquelle se range l'Allemagne entière. Les débuts de la guerre sont autant de défaites pour les armées françaises. L'empereur lui-même se laisse enfermer à Sedan le 2 septembre. Il est obligé de capituler : ce désastre militaire a raison du régime impérial. Le 4 septembre 1870, la République est proclamée. Napoléon III, libéré après la fin de la guerre, s'exile en Angleterre, où il meurt en 1873.

Napoléon III.

TABLE DES MATIÈRES

 Ce livre a été imprimé et faconné par POLLINA S.A., 85400 Luçon - n° 52425. La composition et la mise en page ont été exécutées dans le studio des éditions Gisserot.

Imprimé en France